PRÉFACE

La collection de guides de conversation "Tout ira bien!", publié par T&P Books, est conçue pour les gens qui voyagent par affaire ou par plaisir. Les guides de conversations contiennent le plus important - l'essentiel pour la communication de base. Il s'agit d'une série indispensable de phrases pour survivre à l'étranger.

Ce guide de conversation vous aidera dans la plupart des cas où vous devez demander quelque chose, trouver une direction, découvrir le prix d'un souvenir, etc. Il peut aussi résoudre des situations de communication difficile lorsque la gesticulation n'aide pas.

Le livre contient beaucoup de phrases qui ont été groupées par thèmes. Vous trouverez aussi un vocabulaire des 3000 mots les plus couramment utilisés. Une autre section du guide contient un glossaire gastronomique qui peut être utile lorsque vous faites le marché ou commandez des plats au restaurant.

Emmenez avec vous un guide de conversation "Tout ira bien!" sur la route et vous aurez un compagnon de voyage irremplaçable qui vous aidera à vous sortir de toutes les situations et vous enseignera à ne pas avoir peur de parler aux étrangers.

TABLE DES MATIÈRES

T&P Books Publishing

Collection de guides de conversation
"Tout ira bien!"

T&P Books Publishing

GUIDE DE CONVERSATION
- INDONÉSIEN -

LES PHRASES
LES PLUS
UTILES

Ce guide de conversation
contient les phrases et
les questions les plus
communes et nécessaires
pour communiquer avec
des étrangers

T&P BOOKS

Guide de conversation + dictionnaire de 3000 mots

Guide de conversation Français-Indonésien et vocabulaire thématique de 3000 mots

Par Andrey Taranov

La collection de guides de conversation "Tout ira bien!", publiée par T&P Books, est conçue pour les gens qui voyagent par affaire ou par plaisir. Les guides contiennent l'essentiel pour la communication de base. Il s'agit d'une série indispensable de phrases pour "survivre" à l'étranger.

Ce livre inclut un dictionnaire thématique qui contient près de 3000 des mots les plus fréquemment utilisés. Une autre section du guide contient un glossaire gastronomique qui peut être utile lorsque vous faites le marché ou commandez des plats au restaurant.

T&P Books Publishing
www.tpbooks.com

ISBN: 978-1-78616-786-6

Ce livre existe également en format électronique.
Pour plus d'informations, veuillez consulter notre site: www.tpbooks.com
ou rendez-vous sur ceux des grandes librairies en ligne.

PRONONCIATION

Lettre	Exemple en indonésien	Alphabet phonétique T&P	Exemple en français
Aa	zaman	[a]	classe
Bb	besar	[b]	bureau
Cc	kecil, cepat	[tʃ]	match
Dd	dugaan	[d]	document
Ee	segera, mencium	[e], [ə]	vers
Ff	berfungsi	[f]	formule
Gg	juga, lagi	[g]	gris
Hh	hanya, bahwa	[h]	[h] aspiré
Ii	izin, sebagai ganti	[i], [j]	stylo, maillot
Jj	setuju, ijin	[dʒ']	tadjik
Kk	kemudian, tidak	[k], [']	bocal, coup de glotte
Ll	dilarang	[l]	vélo
Mm	melihat	[m]	minéral
Nn	berenang	[n], [ŋ]	ananas, parking
Oo	toko roti	[o:]	tableau
Pp	peribahasa	[p]	panama
Qq	Aquarius	[k]	bocal
Rr	ratu, riang	[r]	rouge
Ss	sendok, syarat	[s], [ʃ]	syndicat, chariot
Tt	tamu, adat	[t]	tennis
Uu	ambulans	[u]	boulevard
Vv	renovasi	[v]	rivière
Ww	pariwisata	[w]	iguane
Xx	boxer	[ks]	taxi
Yy	banyak, syarat	[j]	maillot
Zz	zamrud	[z]	gazeuse

Combinaisons de lettres

aa	maaf	[a'a]	a+coup de glotte
kh	khawatir	[h]	[h] aspiré
th	Gereja Lutheran	[t]	tennis
-k	tidak	[']	coup de glotte

LISTE DES ABRÉVIATIONS

Abréviations en français

adj	-	adjective
adv	-	adverbe
anim.	-	animé
conj	-	conjonction
dénombr.	-	dénombrable
etc.	-	et cetera
f	-	nom féminin
f pl	-	féminin pluriel
fam.	-	familiar
fem.	-	féminin
form.	-	formal
inanim.	-	inanimé
indénombr.	-	indénombrable
m	-	nom masculin
m pl	-	masculin pluriel
m, f	-	masculin, féminin
masc.	-	masculin
math	-	mathematics
mil.	-	militaire
pl	-	pluriel
prep	-	préposition
pron	-	pronom
qch	-	quelque chose
qn	-	quelqu'un
sing.	-	singulier
v aux	-	verbe auxiliaire
v imp	-	verbe impersonnel
vi	-	verbe intransitif
vi, vt	-	verbe intransitif, transitif
vp	-	verbe pronominal
vt	-	verbe transitif

GUIDE DE CONVERSATION INDONÉSIEN

Cette section contient
des phrases importantes
qui peuvent être utiles dans
des situations courantes.
Le guide vous aidera
à demander des directions,
clarifier le prix, acheter
des billets et commander
des plats au restaurant

T&P Books Publishing

CONTENU DU GUIDE DE CONVERSATION

T&P Books Publishing

Excusez-moi, ...	**Permisi, ...** [permisi, ...]
Bonjour	**Halo.** [halo]
Merci	**Terima kasih.** [terima kasih]
Au revoir	**Selamat tinggal.** [slamat tiŋgal]
Oui	**Ya.** [ja]
Non	**Tidak.** [tidaʔ]
Je ne sais pas.	**Saya tidak tahu.** [saja tidaʔ tahu]
Où? | Où? | Quand?	**Di mana? | Ke mana? | Kapan?** [di mana? | ke mana? | kapan?]
J'ai besoin de ...	**Saya perlu ...** [saja perlu ...]
Je veux ...	**Saya ingin ...** [saja iŋin ...]
Avez-vous ... ?	**Apa Anda punya ...?** [apa anda punja ...?]
Est-ce qu'il y a ... ici?	**Apa ada ... di sini?** [apa ada ... di sini?]
Puis-je ... ?	**Boleh saya ...?** [boleh saja ...?]
s'il vous plaît (pour une demande)	**Tolong, ...** [toloŋ, ...]
Je cherche ...	**Saya sedang mencari ...** [saja sedaŋ mentʃari ...]
les toilettes	**kamar kecil** [kamar ketʃil]
un distributeur	**ATM** [a-te-em]
une pharmacie	**apotek** [apoteʔ]
l'hôpital	**rumah sakit** [rumah sakit]
le commissariat de police	**kantor polisi** [kantor polisi]
une station de métro	**stasiun bawah tanah** [stasiun bawah tanah]

un taxi	**taksi** [taksi]
la gare	**stasiun kereta api** [stasiun kereta api]

Je m'appelle …	**Nama saya …** [nama saja …]
Comment vous appelez-vous?	**Siapa nama Anda?** [siapa nama anda?]
Aidez-moi, s'il vous plaît.	**Bisakah Anda menolong saya?** [bisakah anda menoloŋ saja?]
J'ai un problème.	**Saya sedang kesulitan.** [saja sedaŋ kesulitan]
Je ne me sens pas bien.	**Saya tidak enak badan.** [saja tidaʾ enak badan]
Appelez une ambulance!	**Panggil ambulans!** [paŋgil ambulans!]
Puis-je faire un appel?	**Boleh saya menelepon?** [boleh saja menelepon?]

Excusez-moi.	**Maaf.** [maʾaf]
Je vous en prie.	**Terima kasih kembali.** [terima kasih kembali]

je, moi	**Saya, aku** [saja, aku]
tu, toi	**kamu, kau** [kamu, kau]
il	**dia, ia** [dia, ia]
elle	**dia, ia** [dia, ia]
ils	**mereka** [mereka]
elles	**mereka** [mereka]
nous	**kami** [kami]
vous	**kalian** [kalian]
Vous	**Anda** [anda]

ENTRÉE	**MASUK** [masuʾ]
SORTIE	**KELUAR** [keluar]
HORS SERVICE	EN PANNE	**TIDAK DAPAT DIGUNAKAN** [tidaʾ dapat digunakan]
FERMÉ	**TUTUP** [tutup]

OUVERT	**BUKA** [buka]
POUR LES FEMMES	**UNTUK PEREMPUAN** [untu' perempuan]
POUR LES HOMMES	**UNTUK LAKI-LAKI** [untu' laki-laki]

Questions

Où? (lieu)	**Di mana?** [di mana?]
Où? (direction)	**Ke mana?** [ke mana?]
D'où?	**Dari mana?** [dari mana?]
Pourquoi?	**Kenapa?** [kenapa?]
Pour quelle raison?	**Untuk apa?** [untuʼ apa?]
Quand?	**Kapan?** [kapan?]
Combien de temps?	**Berapa lama?** [berapa lama?]
À quelle heure?	**Jam berapa?** [dʒʲam berapa?]
C'est combien?	**Berapa harganya?** [berapa harganja?]
Avez-vous ... ?	**Apa Anda punya ...?** [apa anda punja ...?]
Où est ..., s'il vous plaît?	**Di mana ...?** [di mana ...?]
Quelle heure est-il?	**Jam berapa sekarang?** [dʒʲam berapa sekaraŋ?]
Puis-je faire un appel?	**Boleh saya menelepon?** [boleh saja menelepon?]
Qui est là?	**Siapa di sana?** [siapa di sana?]
Puis-je fumer ici?	**Boleh saya merokok di sini?** [boleh saja merokoʼ di sini?]
Puis-je ...?	**Boleh saya ...?** [boleh saja ...?]

Besoins

Je voudrais …	**Saya hendak …** [saja henda' …]
Je ne veux pas …	**Saya tidak ingin …** [saja tida' iŋin …]
J'ai soif.	**Saya haus.** [saja haus]
Je veux dormir.	**Saya ingin tidur.** [saja iŋin tidur]
Je veux …	**Saya ingin …** [saja iŋin …]
me laver	**mandi** [mandi]
brosser mes dents	**menyikat gigi** [menjikat gigi]
me reposer un instant	**istirahat sebentar** [istirahat sebentar]
changer de vêtements	**ganti pakaian** [ganti pakajan]
retourner à l'hôtel	**kembali ke hotel** [kembali ke hotel]
acheter …	**membeli …** [membeli …]
aller à …	**pergi ke …** [pergi ke …]
visiter …	**mengunjungi …** [meŋundʒⁱuŋi …]
rencontrer …	**bertemu dengan …** [bertemu deŋan …]
faire un appel	**menelepon** [menelepon]
Je suis fatigué /fatiguée/	**Saya lelah.** [saja lelah]
Nous sommes fatigués /fatiguées/	**Kami lelah.** [kami lelah]
J'ai froid.	**Saya kedinginan.** [saja kediŋinan]
J'ai chaud.	**Saya kepanasan.** [saja kepanasan]
Je suis bien.	**Saya baik-baik saja.** [saja bai'-bai' sadʒ'a]

Il me faut faire un appel.

Saya perlu menelepon.
[saja perlu menelepon]

J'ai besoin d'aller aux toilettes.

Saya perlu pergi ke kamar kecil.
[saja perlu pergi ke kamar ketʃil]

Il faut que j'aille.

Saya harus pergi.
[saja harus pergi]

Je dois partir maintenant.

Saya harus pergi sekarang.
[saja harus pergi sekaraŋ]

Comment demander la direction

Excusez-moi, ...	**Permisi, ...** [permisi, ...]
Où est ..., s'il vous plaît?	**Di mana ...?** [di mana ...?]
Dans quelle direction est ... ?	**Ke manakah arah ke ...?** [ke manakah arah ke ...?]
Pouvez-vous m'aider, s'il vous plaît ?	**Bisakah Anda menolong saya?** [bisakah anda menoloŋ saja?]
Je cherche ...	**Saya sedang mencari ...** [saja sedaŋ mentʃari ...]
La sortie, s'il vous plaît?	**Saya sedang mencari pintu keluar.** [saja sedaŋ mentʃari pintu keluar]
Je vais à ...	**Saya akan pergi ke ...** [saja akan pergi ke ...]
C'est la bonne direction pour ...?	**Benarkah ini jalan ke ...?** [benarkah ini dʒʲalan ke ...?]
C'est loin?	**Apakah tempatnya jauh?** [apakah tempatnja dʒʲauh?]
Est-ce que je peux y aller à pied?	**Bisakah saya berjalan kaki ke sana?** [bisakah saja berdʒʲalan kaki ke sana?]
Pouvez-vous me le montrer sur la carte?	**Bisakah Anda tunjukkan di peta?** [bisakah anda tundʒʲuʔkan di peta?]
Montrez-moi où sommes-nous, s'il vous plaît.	**Tunjukkan di mana lokasi kita sekarang.** [tundʒʲuʔkan di mana lokasi kita sekaraŋ]
Ici	**Di sini** [di sini]
Là-bas	**Di sana** [di sana]
Par ici	**Jalan ini** [dʒʲalan ini]
Tournez à droite.	**Belok kanan.** [beloʔ kanan]
Tournez à gauche.	**Belok kiri.** [beloʔ kiri]
Prenez la première (deuxième, troisième) rue.	**belokan pertama (kedua, ketiga)** [belokan pertama (kedua, ketiga)]
à droite	**ke kanan** [ke kanan]

à gauche

ke kiri
[ke kiri]

Continuez tout droit.

Lurus terus.
[lurus terus]

Affiches, Pancartes

BIENVENUE!	**SELAMAT DATANG!** [selamat dataŋ!]
ENTRÉE	**MASUK** [masuʔ]
SORTIE	**KELUAR** [keluar]
POUSSEZ	**DORONG** [doroŋ]
TIREZ	**TARIK** [tariʔ]
OUVERT	**BUKA** [buka]
FERMÉ	**TUTUP** [tutup]
POUR LES FEMMES	**UNTUK PEREMPUAN** [untuʔ perempuan]
POUR LES HOMMES	**UNTUK LAKI-LAKI** [untuʔ laki-laki]
MESSIEURS (m)	**PRIA** [pria]
FEMMES (f)	**WANITA** [wanita]
RABAIS | SOLDES	**DISKON** [diskon]
PROMOTION	**OBRAL** [obral]
GRATUIT	**GRATIS** [gratis]
NOUVEAU!	**BARU!** [baru!]
ATTENTION!	**PERHATIAN!** [perhatian!]
COMPLET	**KAMAR PENUH** [kamar penuh]
RÉSERVÉ	**DIPESAN** [dipesan]
ADMINISTRATION	**ADMINISTRASI** [administrasi]
PERSONNEL SEULEMENT	**HANYA UNTUK STAF** [hanja untuʔ staf]

ATTENTION AU CHIEN! **AWAS ANJING GALAK!**
[awas anʤiŋ galaʔ!]

NE PAS FUMER! **DILARANG MEROKOK!**
[dilaraŋ merokoʔ!]

NE PAS TOUCHER! **JANGAN SENTUH!**
[ʤˈaŋan sentuh!]

DANGEREUX **BERBAHAYA**
[berbahaja]

DANGER **BAHAYA**
[bahaja]

HAUTE TENSION **TEGANGAN TINGGI**
[tegaŋan tiŋgi]

BAIGNADE INTERDITE! **DILARANG BERENANG!**
[dilaraŋ berenaŋ!]

HORS SERVICE | EN PANNE **TIDAK DAPAT DIGUNAKAN**
[tidaʔ dapat digunakan]

INFLAMMABLE **MUDAH TERBAKAR**
[mudah terbakar]

INTERDIT **DILARANG**
[dilaraŋ]

ENTRÉE INTERDITE! **DILARANG MASUK!**
[dilaraŋ masuʔ!]

PEINTURE FRAÎCHE **CAT BASAH**
[ʧat basah]

FERMÉ POUR TRAVAUX **DITUTUP KARENA ADA PERBAIKAN**
[ditutup karena ada perbaikan]

TRAVAUX EN COURS **ADA PROYEK DI DEPAN**
[ada projeʔ di depan]

DÉVIATION **JALUR ALTERNATIF**
[ʤˈalur alternatif]

Transport - Phrases générales

avion	**pesawat** [pesawat]
train	**kereta api** [kereta api]
bus, autobus	**bus** [bus]
ferry	**feri** [feri]
taxi	**taksi** [taksi]
voiture	**mobil** [mobil]
horaire	**jadwal** [dʒˈadwal]
Où puis-je voir l'horaire?	**Di mana saya dapat melihat jadwalnya?** [di mana saja dapat melihat dʒˈadwalnja?]
jours ouvrables	**hari kerja** [hari kerdʒˈa]
jours non ouvrables	**akhir pekan** [ahir pekan]
jours fériés	**hari libur** [hari libur]
DÉPART	**KEBERANGKATAN** [keberaŋkatan]
ARRIVÉE	**KEDATANGAN** [kedataŋan]
RETARDÉE	**DITUNDA** [ditunda]
ANNULÉE	**DIBATALKAN** [dibatalkan]
prochain (train, etc.)	**berikutnya** [berikutnja]
premier	**pertama** [pertama]
dernier	**terakhir** [terahir]

À quelle heure est le prochain ...? **Kapan ... berikutnya?**
[kapan ... berikutnja?]

À quelle heure est le premier ...? **Kapan ... pertama?**
[kapan ... pertama?]

À quelle heure est le dernier ...? **Kapan ... terakhir?**
[kapan ... terahir?]

---

correspondance **pindah**
[pindah]

prendre la correspondance **berpindah**
[berpindah]

Dois-je prendre la correspondance? **Haruskah saya berpindah?**
[haruskah saja berpindah?]

Acheter un billet

Où puis-je acheter des billets?	**Di mana saya dapat membeli tiket?** [di mana saja dapat membeli tiket?]
billet	**tiket** [tiket]
acheter un billet	**membeli tiket** [membeli tiket]
le prix d'un billet	**harga tiket** [harga tiket]
Pour aller où?	**Ke mana?** [ke mana?]
Quelle destination?	**Ke stasiun apa?** [ke stasiun apa?]
Je voudrais ...	**Saya perlu ...** [saja perlu ...]
un billet	**satu tiket** [satu tiket]
deux billets	**dua tiket** [dua tiket]
trois billets	**tiga tiket** [tiga tiket]
aller simple	**sekali jalan** [sekali dʒ'alan]
aller-retour	**pulang pergi** [pulaŋ pergi]
première classe	**kelas satu** [kelas satu]
classe économique	**kelas dua** [kelas dua]
aujourd'hui	**hari ini** [hari ini]
demain	**besok** [beso']
après-demain	**lusa** [lusa]
dans la matinée	**pagi** [pagi]
l'après-midi	**siang** [siaŋ]
dans la soirée	**malam** [malam]

siège côté couloir

kursi dekat lorong
[kursi dekat loroŋ]

siège côté fenêtre

kursi dekat jendela
[kursi dekat dʒⁱendela]

C'est combien?

Berapa harganya?
[berapa harganja?]

Puis-je payer avec la carte?

Bisakah saya membayar dengan kartu kredit?
[bisakah saja membajar deŋan kartu kredit?]

L'autobus

bus, autobus	**bus** [bus]
autocar	**bus antarkota** [bus antarkota]
arrêt d'autobus	**pemberhentian bus** [pemberhentian bus]
Où est l'arrêt d'autobus le plus proche?	**Di mana pemberhentian bus terdekat?** [di mana pemberhentian bus terdekat?]
numéro	**nomor** [nomor]
Quel bus dois-je prendre pour aller à ...?	**Bus apa yang ke ...?** [bus apa jaŋ ke ...?]
Est-ce que ce bus va à ...?	**Apakah bus ini ke ...?** [apakah bus ini ke ...?]
L'autobus passe tous les combien?	**Seberapa sering busnya datang?** [seberapa seriŋ busnja dataŋ?]
chaque quart d'heure	**setiap 15 menit** [setiap lima belas menit]
chaque demi-heure	**setiap setengah jam** [setiap seteŋah dʒʲam]
chaque heure	**setiap jam** [setiap dʒʲam]
plusieurs fois par jour	**beberapa kali sehari** [beberapa kali sehari]
... fois par jour	**... kali sehari** [... kali sehari]
horaire	**jadwal** [dʒʲadwal]
Où puis-je voir l'horaire?	**Di mana saya dapat melihat jadwalnya?** [di mana saja dapat melihat dʒʲadwalnja?]
À quelle heure passe le prochain bus?	**Kapan bus berikutnya?** [kapan bus berikutnja?]
À quelle heure passe le premier bus?	**Kapan bus pertama?** [kapan bus pertama?]
À quelle heure passe le dernier bus?	**Kapan bus terakhir?** [kapan bus terahir?]

arrêt	**pemberhentian** [pemberhentian]
prochain arrêt	**pemberhentian berikutnya** [pemberhentian berikutnja]
terminus	**pemberhentian terakhir (terminal)** [pemberhentian terahir (terminal)]
Pouvez-vous arrêter ici, s'il vous plaît.	**Berhenti di sini.** [berhenti di sini]
Excusez-moi, c'est mon arrêt.	**Permisi, saya turun di sini.** [permisi, saja turun di sini]

Train

train	**kereta api** [kereta api]
train de banlieue	**kereta api lokal** [kereta api lokal]
train de grande ligne	**kereta api jarak jauh** [kereta api ʤarak ʤauh]
la gare	**stasiun kereta api** [stasiun kereta api]
Excusez-moi, où est la sortie vers les quais?	**Permisi, di manakah pintu ke arah peron?** [permisi, di manakah pintu ke arah peron?]

Est-ce que ce train va à ...?	**Apakah kereta api ini menuju ke ...?** [apakah kereta api ini menuʤu ke ...?]
le prochain train	**kereta api berikutnya** [kereta api berikutnja]
À quelle heure est le prochain train?	**Kapan kereta api berikutnya?** [kapan kereta api berikutnja?]

Où puis-je voir l'horaire?	**Di mana saya dapat melihat jadwalnya?** [di mana saja dapat melihat ʤadwalnja?]
De quel quai?	**Dari peron jalur berapa?** [dari peron ʤalur berapa?]
À quelle heure arrive le train à ...?	**Kapan kereta api ini sampai di ...?** [kapan kereta api ini sampaj di ...?]

Pouvez-vous m'aider, s'il vous plaît?	**Tolong bantu saya.** [toloŋ bantu saja]
Je cherche ma place.	**Saya sedang mencari kursi saya.** [saja sedaŋ menʧari kursi saja]
Nous cherchons nos places.	**Kami sedang mencari kursi kami.** [kami sedaŋ menʧari kursi kami]

Ma place est occupée.	**Kursi saya sudah ditempati.** [kursi saja sudah ditempati]
Nos places sont occupées.	**Kursi kami sudah ditempati.** [kursi kami sudah ditempati]
Excusez-moi, mais c'est ma place.	**Maaf, ini kursi saya.** [ma'af, ini kursi saja]

Est-ce que cette place est libre?

Apakah kursi ini sudah diambil?
[apakah kursi ini sudah diambil?]

Puis-je m'asseoir ici?

Boleh saya duduk di sini?
[boleh saja dudu' di sini?]

Sur le train - Dialogue (Pas de billet)

Votre billet, s'il vous plaît.

Permisi, tiketnya.
[permisi, tiketnja]

Je n'ai pas de billet.

Saya tidak punya tiket.
[saja tida' punja tiket]

J'ai perdu mon billet.

Tiket saya hilang.
[tiket saja hilaŋ]

J'ai oublié mon billet à la maison.

Tiket saya tertinggal di rumah.
[tiket saja tertiŋgal di rumah]

Vous pouvez m'acheter un billet.

Anda bisa membeli tiket dari saya.
[anda bisa membeli tiket dari saja]

Vous devrez aussi payer une amende.

Anda juga harus membayar denda.
[anda dʒʲuga harus membajar denda]

D'accord.

Baik.
[bai']

Où allez-vous?

Ke manakah tujuan Anda?
[ke manakah tudʒʲuan anda?]

Je vais à …

Saya akan pergi ke …
[saja akan pergi ke …]

Combien? Je ne comprend pas.

Berapa harganya? Saya tidak mengerti.
[berapa harganja? saja tida' meŋerti]

Pouvez-vous l'écrire, s'il vous plaît.

Tolong tuliskan.
[toloŋ tuliskan]

D'accord. Puis-je payer avec la carte?

Baik. Bisakah saya membayar dengan kartu kredit?
[bai'. bisakah saja membajar deŋan kartu kredit?]

Oui, bien sûr.

Ya, bisa.
[ja, bisa]

Voici votre reçu.

Ini tanda terimanya.
[ini tanda terimanja]

Désolé pour l'amende.

Maaf atas dendanya.
[ma'af atas dendanja]

Ça va. C'est de ma faute.

Tidak apa-apa. Saya yang salah.
[tida' apa-apa. saja jaŋ salah.]

Bon voyage.

Selamat menikmati perjalanan.
[selamat menikmati perdʒʲalanan]

Taxi

taxi
taksi
[taksi]

chauffeur de taxi
sopir taksi
[sopir taksi]

prendre un taxi
menyetop taksi
[menjetop taksi]

arrêt de taxi
pangkalan taksi
[paŋkalan taksi]

Où puis-je trouver un taxi?
Di mana saya bisa mendapatkan taksi?
[di mana saja bisa mendapatkan taksi?]

appeler un taxi
menelepon taksi
[menelepon taksi]

Il me faut un taxi.
Saya perlu taksi.
[saja perlu taksi]

maintenant
Sekarang.
[sekaraŋ]

Quelle est votre adresse?
Di mana alamat Anda?
[di mana alamat anda?]

Mon adresse est ...
Alamat saya di ...
[alamat saja di ...]

Votre destination?
Tujuan Anda?
[tudʒuan anda?]

Excusez-moi, ...
Permisi, ...
[permisi, ...]

Vous êtes libre ?
Apa taksi ini kosong?
[apa taksi ini kosoŋ?]

Combien ça coûte pour aller à ...?
Berapa ongkos ke ...?
[berapa oŋkos ke ...?]

Vous savez où ça se trouve?
Tahukah Anda tempatnya?
[tahukah anda tempatnja?]

À l'aéroport, s'il vous plaît.
Ke bandara.
[ke bandara]

Arrêtez ici, s'il vous plaît.
Berhenti di sini.
[berhenti di sini]

Ce n'est pas ici.
Bukan di sini.
[bukan di sini]

C'est la mauvaise adresse.
Alamatnya salah.
[alamatnja salah]

tournez à gauche	**Belok kiri** [beloˀ kiri]
tournez à droite	**Belok kanan.** [beloˀ kanan]

Combien je vous dois?	**Berapa yang harus saya bayar?** [berapa jaŋ harus saja bajar?]
J'aimerais avoir un reçu, s'il vous plaît.	**Saya minta tanda terimanya.** [saja minta tanda terimanja]
Gardez la monnaie.	**Kembaliannya untuk Anda.** [kembaliannja untuˀ anda]

Attendez-moi, s'il vous plaît ...	**Maukah Anda menunggu saya?** [maukah anda menuŋgu saja?]
cinq minutes	**lima menit** [lima menit]
dix minutes	**sepuluh menit** [sepuluh menit]
quinze minutes	**lima belas menit** [lima belas menit]
vingt minutes	**dua puluh menit** [dua puluh menit]
une demi-heure	**setengah jam** [seteŋah dʒʲam]

Hôtel

Bonjour.	**Halo.** [halo]
Je m'appelle ...	**Nama saya ...,** [nama saja ...]
J'ai réservé une chambre.	**Saya sudah memesan.** [saja sudah memesan]
Je voudrais ...	**Saya perlu ...** [saja perlu ...]
une chambre simple	**kamar single** [kamar siŋle]
une chambre double	**kamar double** [kamar double]
C'est combien?	**Berapa harganya?** [berapa harganja?]
C'est un peu cher.	**Agak mahal.** [aga' mahal]
Avez-vous autre chose?	**Apa Anda punya opsi lain?** [apa anda punja opsi lain?]
Je vais la prendre.	**Saya ambil.** [saja ambil]
Je vais payer comptant.	**Saya bayar tunai.** [saja bajar tunaj]
J'ai un problème.	**Saya sedang kesulitan.** [saja sedaŋ kesulitan]
Mon ... est cassé /Ma ... est cassée/	**... saya rusak.** [... saja rusa']
Mon /Ma/ ... ne fonctionne pas.	**... saya tidak dapat digunakan.** [... saja tida' dapat digunakan]
télé	**TV** [tv]
air conditionné	**alat pendingin hawa** [alat pendiŋin hawa]
robinet	**keran** [keran]
douche	**pancuran** [pantʃuran]
évier	**bak cuci** [ba' tʃutʃi]
coffre-fort	**brankas** [brankas]

serrure de porte	**kunci pintu** [kuntʃi pintu]
prise électrique	**stopkontak** [stopkontak]
sèche-cheveux	**pegering rambut** [pegeriŋ rambut]

Je n'ai pas …	**Tidak ada …** [tidaʔ ada …]
d'eau	**air** [air]
de lumière	**lampu** [lampu]
d'électricité	**listrik** [listriʔ]

Pouvez-vous me donner …?	**Bisakah Anda memberi saya …?** [bisakah anda memberi saja …?]
une serviette	**handuk** [handuʔ]
une couverture	**selimut** [selimut]
des pantoufles	**sandal** [sandal]

une robe de chambre	**jubah** [dʒʲubah]
du shampoing	**sampo** [sampo]
du savon	**sabun** [sabun]

Je voudrais changer ma chambre.	**Saya ingin pindah kamar.** [saja iŋin pindah kamar]
Je ne trouve pas ma clé.	**Kunci saya tidak ketemu.** [kuntʃi saja tidaʔ ketemu]
Pourriez-vous ouvrir ma chambre, s'il vous plaît?	**Bisakah Anda membukakan pintu saya?** [bisakah anda membukakan pintu saja?]
Qui est là?	**Siapa di sana?** [siapa di sana?]

Entrez!	**Masuk!** [masuʔ!]
Une minute!	**Tunggu sebentar!** [tuŋgu sebentar!]

Pas maintenant, s'il vous plaît.	**Jangan sekarang.** [dʒʲaŋan sekaraŋ]
Pouvez-vous venir à ma chambre, s'il vous plaît.	**Datanglah ke kamar saya.** [dataŋlah ke kamar saja]

J'aimerais avoir le service d'étage.	**Saya ingin memesan makanan.** [saja iŋin memesan makanan]
Mon numéro de chambre est le ...	**Nomor kamar saya ...** [nomor kamar saja ...]

Je pars ...	**Saya pergi ...** [saja pergi ...]
Nous partons ...	**Kami pergi ...** [kami pergi ...]
maintenant	**sekarang** [sekaraŋ]
cet après-midi	**siang ini** [siaŋ ini]
ce soir	**malam ini** [malam ini]
demain	**besok** [besoʔ]
demain matin	**besok pagi** [besoʔ pagi]
demain après-midi	**besok malam** [besoʔ malam]
après-demain	**lusa** [lusa]

Je voudrais régler mon compte.	**Saya hendak membayar.** [saja hendaʔ membajar]
Tout était merveilleux.	**Segalanya luar biasa.** [segalanja luar biasa]
Où puis-je trouver un taxi?	**Di mana saya bisa mendapatkan taksi?** [di mana saja bisa mendapatkan taksi?]
Pourriez-vous m'appeler un taxi, s'il vous plaît?	**Bisakah Anda memanggilkan saya taksi?** [bisakah anda memaŋgilkan saja taksi?]

Restaurant

Puis-je voir le menu, s'il vous plaît?	**Bisakah saya melihat menunya?** [bisakah saja melihat menunja?]
Une table pour une personne.	**Meja untuk satu orang.** [medʒ'a untu' satu oraŋ]
Nous sommes deux (trois, quatre).	**Kami berdua (bertiga, berempat).** [kami berdua (bertiga, berempat)]

Fumeurs	**Ruang Merokok** [ruaŋ meroko']
Non-fumeurs	**Ruang Bebas Rokok** [ruaŋ bebas roko']
S'il vous plaît!	**Permisi!** [permisi!]
menu	**menu** [menu]
carte des vins	**daftar anggur** [daftar aŋgur]
Le menu, s'il vous plaît.	**Tolong menunya.** [toloŋ menunja]

Êtes-vous prêts à commander?	**Apakah Anda siap memesan?** [apakah anda siap memesan?]
Qu'allez-vous prendre?	**Apa yang ingin Anda pesan?** [apa jaŋ iɲin anda pesan?]
Je vais prendre ...	**Saya ingin memesan ...** [saja iɲin memesan ...]

Je suis végétarien.	**Saya vegetarian.** [saja vegetarian]
viande	**daging** [dagiŋ]
poisson	**ikan** [ikan]
légumes	**sayur mayur** [sajur majur]

Avez-vous des plats végétariens?	**Apa Anda punya hidangan vegetarian?** [apa anda punja hidaŋan vegetarian?]
Je ne mange pas de porc.	**Saya tidak makan daging babi.** [saja tida' makan dagiŋ babi]
Il /elle/ ne mange pas de viande.	**Dia tidak makan daging.** [dia tida' makan dagiŋ]

Je suis allergique à ...

Saya alergi ...
[saja alergi ...]

Pourriez-vous m'apporter ...,
s'il vous plaît.

Tolong ambilkan ...
[toloŋ ambilkan ...]

le sel | le poivre | du sucre

garam | merica | gula
[garam | meritʃa | gula]

un café | un thé | un dessert

kopi | teh | pencuci mulut
[kopi | teh | pentʃutʃi mulut]

de l'eau | gazeuse | plate

air | air soda | air putih
[air | air soda | air putih]

une cuillère | une fourchette | un couteau

sendok | garpu | pisau
[sendoʔ | garpu | pisau]

une assiette | une serviette

piring | serbet
[piriŋ | serbet]

Bon appétit!

Selamat menikmati!
[selamat menikmati!]

Un de plus, s'il vous plaît.

Tambah satu lagi.
[tambah satu lagi]

C'était délicieux.

Benar-benar lezat.
[benar-benar lezat]

---

l'addition | de la monnaie | le pourboire

tagihan | kembalian | tip
[tagihan | kembalian | tip]

L'addition, s'il vous plaît.

Tolong tagihannya.
[toloŋ tagihannja]

Puis-je payer avec la carte?

Bisakah saya membayar dengan kartu kredit?
[bisakah saja membajar deŋan kartu kredit?]

Excusez-moi, je crois qu'il y a une erreur ici.

Maaf, ada kesalahan di sini.
[maʔaf, ada kesalahan di sini]

Shopping. Faire les Magasins

Est-ce que je peux vous aider?	**Ada yang bisa saya bantu?** [ada jaŋ bisa saja bantu?]
Avez-vous ... ?	**Apa Anda punya ...?** [apa anda punja ...?]
Je cherche ...	**Saya sedang mencari ...** [saja sedaŋ mentʃari ...]
Il me faut ...	**Saya perlu ...** [saja perlu ...]

Je regarde seulement, merci.	**Saya hanya melihat-lihat.** [saja hanja melihat-lihat]
Nous regardons seulement, merci.	**Kami hanya melihat-lihat.** [kami hanja melihat-lihat]
Je reviendrai plus tard.	**Saya akan kembali lagi nanti.** [saja akan kembali lagi nanti]
On reviendra plus tard.	**Kami akan kembali lagi nanti.** [kami akan kembali lagi nanti]
Rabais | Soldes	**diskon | obral** [diskon | obral]

Montrez-moi, s'il vous plaît ...	**Bisakah Anda tunjukkan ...** [bisakah anda tundʒʲuʔkan ...]
Donnez-moi, s'il vous plaît ...	**Bisakah Anda ambilkan ...** [bisakah anda ambilkan ...]
Est-ce que je peux l'essayer?	**Bisakah saya mencobanya?** [bisakah saja mentʃobanja?]
Excusez-moi, où est la cabine d'essayage?	**Permisi, di mana kamar pasnya?** [permisi, di mana kamar pasnja?]
Quelle couleur aimeriez-vous?	**Warna apa yang Anda inginkan?** [warna apa jaŋ anda iŋinkan?]
taille | longueur	**ukuran | panjang** [ukuran | pandʒʲaŋ]
Est-ce que la taille convient ?	**Apakah pas?** [apakah pas?]

Combien ça coûte?	**Berapa harganya?** [berapa harganja?]
C'est trop cher.	**Itu terlalu mahal.** [itu terlalu mahal]
Je vais le prendre.	**Saya ambil.** [saja ambil]
Excusez-moi, où est la caisse?	**Permisi, di mana saya harus membayar?** [permisi, di mana saja harus membajar?]

Payerez-vous comptant ou par carte de crédit?

Apakah Anda ingin membayar tunai atau dengan kartu kredit?
[apakah anda iŋin membajar tunaj atau deŋan kartu kredit?]

Comptant | par carte de crédit

Tunai | dengan kartu kredit
[tunaj | deŋan kartu kredit]

Voulez-vous un reçu?

Apakah Anda ingin tanda terimanya?
[apakah anda iŋin tanda terimanja?]

Oui, s'il vous plaît.

Ya.
[ja]

Non, ce n'est pas nécessaire.

Tidak, tidak usah.
[tidaʼ, tidaʼ usah]

Merci. Bonne journée!

Terima kasih. Semoga hari Anda menyenangkan!
[terima kasih. semoga hari anda menjenaŋkan!]

En ville

Excusez-moi, …	**Permisi, …** [permisi, …]
Je cherche …	**Saya sedang mencari …** [saja sedaŋ mentʃari …]
le métro	**stasiun bawah tanah** [stasiun bawah tanah]
mon hôtel	**hotel saya** [hotel saja]
le cinéma	**bioskop** [bioskop]
un arrêt de taxi	**pangkalan taksi** [paŋkalan taksi]
un distributeur	**ATM** [a-te-em]
un bureau de change	**tempat penukaran mata uang** [tempat penukaran mata uaŋ]
un café internet	**warnet** [warnet]
la rue …	**Jalan …** [dʒʲalan …]
cette place-ci	**tempat ini** [tempat ini]
Savez-vous où se trouve …?	**Apakah Anda tahu lokasi …?** [apakah anda tahu lokasi …?]
Quelle est cette rue?	**Jalan apakah ini?** [dʒʲalan apakah ini?]
Montrez-moi où sommes-nous, s'il vous plaît.	**Tunjukkan di mana lokasi kita sekarang.** [tundʒʲuʔkan di mana lokasi kita sekaraŋ]
Est-ce que je peux y aller à pied?	**Bisakah saya berjalan kaki ke sana?** [bisakah saja berdʒʲalan kaki ke sana?]
Avez-vous une carte de la ville?	**Apa Anda punya peta kota?** [apa anda punja peta kota?]
C'est combien pour un ticket?	**Berapa harga tiket masuk?** [berapa harga tiket masuʔ?]
Est-ce que je peux faire des photos?	**Bisakah saya berfoto di sini?** [bisakah saja berfoto di sini?]
Êtes-vous ouvert?	**Apakah Anda buka?** [apakah anda buka?]

À quelle heure ouvrez-vous?　　　**Kapan Anda buka?**
[kapan anda buka?]

À quelle heure fermez-vous?　　　**Kapan Anda tutup?**
[kapan anda tutup?]

L'argent

argent	**uang** [uaŋ]
argent liquide	**tunai** [tunaj]
des billets	**uang kertas** [uaŋ kertas]
petite monnaie	**uang receh** [uaŋ retʃeh]
l'addition | de la monnaie | le pourboire	**tagihan | kembalian | tip** [tagihan | kembalian | tip]
carte de crédit	**kartu kredit** [kartu kredit]
portefeuille	**dompet** [dompet]
acheter	**membeli** [membeli]
payer	**membayar** [membajar]
amende	**denda** [denda]
gratuit	**gratis** [gratis]
Où puis-je acheter … ?	**Di mana saya bisa membeli ...?** [di mana saja bisa membeli ...?]
Est-ce que la banque est ouverte en ce moment?	**Apakah bank buka sekarang?** [apakah banʔ buka sekaraŋ?]
À quelle heure ouvre-t-elle?	**Kapan bank buka?** [kapan bank buka?]
À quelle heure ferme-t-elle?	**Kapan bank tutup?** [kapan bank tutup?]
C'est combien?	**Berapa harganya?** [berapa harganja?]
Combien ça coûte?	**Berapa harganya?** [berapa harganja?]
C'est trop cher.	**Itu terlalu mahal.** [itu terlalu mahal]
Excusez-moi, où est la caisse?	**Permisi, di mana saya harus membayar?** [permisi, di mana saja harus membajar?]

L'addition, s'il vous plaît.

Tolong tagihannya.
[toloŋ tagihannja]

Puis-je payer avec la carte?

Bisakah saya membayar dengan kartu kredit?
[bisakah saja membajar deŋan kartu kredit?]

Est-ce qu'il y a un distributeur ici?

Adakah ATM di sini?
[adakah a-te-em di sini?]

Je cherche un distributeur.

Saya sedang mencari ATM.
[saja sedaŋ mentʃari a-te-em]

Je cherche un bureau de change.

Saya sedang mencari tempat penukaran mata uang.
[saja sedaŋ mentʃari tempat penukaran mata uaŋ]

Je voudrais changer ...

Saya ingin menukarkan ...
[saja iŋin menukarkan ...]

Quel est le taux de change?

Berapakah nilai tukarnya?
[berapakah nilaj tukarnja?]

Avez-vous besoin de mon passeport?

Apa Anda butuh paspor saya?
[apa anda butuh paspor saja?]

Le temps

Quelle heure est-il?	**Jam berapa sekarang?** [dʒ¡am berapa sekaraŋ?]
Quand?	**Kapan?** [kapan?]

À quelle heure?	**Jam berapa?** [dʒ¡am berapa?]
maintenant | plus tard | après …	**sekarang | nanti | setelah …** [sekaraŋ | nanti | setelah …]

une heure	**pukul satu** [pukul satu]
une heure et quart	**pukul satu lewat lima belas** [pukul satu lewat lima belas]
une heure et demie	**pukul satu lewat tiga puluh** [pukul satu lewat tiga puluh]
deux heures moins quart	**pukul satu lewat empat puluh lima** [pukul satu lewat empat puluh lima]

un | deux | trois	**satu | dua | tiga** [satu | dua | tiga]
quatre | cinq | six	**empat | lima | enam** [empat | lima | enam]
sept | huit | neuf	**tujuh | delapan | sembilan** [tudʒ¡uh | delapan | sembilan]
dix | onze | douze	**sepuluh | sebelas | dua belas** [sepuluh | sebelas | dua belas]

dans …	**dalam …** [dalam …]
cinq minutes	**lima menit** [lima menit]
dix minutes	**sepuluh menit** [sepuluh menit]
quinze minutes	**lima belas menit** [lima belas menit]
vingt minutes	**dua puluh menit** [dua puluh menit]

une demi-heure	**setengah jam** [seteŋah dʒ¡am]
une heure	**satu jam** [satu dʒ¡am]

dans la matinée	**pagi** [pagi]
tôt le matin	**pagi-pagi sekali** [pagi-pagi sekali]
ce matin	**pagi ini** [pagi ini]
demain matin	**besok pagi** [beso' pagi]

à midi	**tengah hari** [teŋah hari]
dans l'après-midi	**siang** [siaŋ]
dans la soirée	**malam** [malam]
ce soir	**malam ini** [malam ini]

la nuit	**pada malam hari** [pada malam hari]
hier	**kemarin** [kemarin]
aujourd'hui	**hari ini** [hari ini]
demain	**besok** [beso']
après-demain	**lusa** [lusa]

Quel jour sommes-nous aujourd'hui?	**Hari apa sekarang?** [hari apa sekaraŋ?]
Nous sommes ...	**Sekarang ...** [sekaraŋ ...]
lundi	**Hari Senin** [hari senin]
mardi	**Hari Selasa** [hari selasa]
mercredi	**Hari Rabu** [hari rabu]

jeudi	**Hari Kamis** [hari kamis]
vendredi	**Hari Jumat** [hari dʒʲumat]
samedi	**Hari Sabtu** [hari sabtu]
dimanche	**Hari Minggu** [hari miŋgu]

Salutations - Introductions

Bonjour.	**Halo.** [halo]
Enchanté /Enchantée/	**Senang dapat berjumpa dengan Anda.** [senaŋ dapat berdʒumpa deŋan anda]
Moi aussi.	**Sama-sama.** [sama-sama]
Je voudrais vous présenter ...	**Kenalkan, ...** [kenalkan, ...]
Ravi /Ravie/ de vous rencontrer.	**Senang dapat berjumpa dengan Anda.** [senaŋ dapat berdʒumpa deŋan anda]

Comment allez-vous?	**Apa kabar?** [apa kabar?]
Je m'appelle ...	**Nama saya ...** [nama saja ...]
Il s'appelle ...	**Namanya ...** [namanja ...]
Elle s'appelle ...	**Namanya ...** [namanja ...]

Comment vous appelez-vous?	**Siapa nama Anda?** [siapa nama anda?]
Quel est son nom?	**Siapa namanya?** [siapa namanja?]
Quel est son nom?	**Siapa namanya?** [siapa namanja?]

Quel est votre nom de famille?	**Siapa nama belakang Anda?** [siapa nama belakaŋ anda?]
Vous pouvez m'appeler ...	**Panggil saya ...** [paŋgil saja ...]
D'où êtes-vous?	**Dari mana asal Anda?** [dari mana asal anda?]
Je suis de ...	**Saya dari ...** [saja dari ...]
Qu'est-ce que vous faites dans la vie?	**Apa pekerjaan Anda?** [apa pekerdʒa'an anda?]

Qui est-ce?	**Siapa ini?** [siapa ini?]
Qui est-il?	**Siapa dia?** [siapa dia?]
Qui est-elle?	**Siapa dia?** [siapa dia?]

Qui sont-ils?	**Siapa mereka?** [siapa mereka?]
C'est ...	**Ini ...** [ini ...]
mon ami	**teman saya** [teman saja]
mon amie	**teman saya** [teman saja]
mon mari	**suami saya** [suami saja]
ma femme	**istri saya** [istri saja]
mon père	**ayah saya** [ajah saja]
ma mère	**ibu saya** [ibu saja]
mon frère	**saudara laki-laki saya** [saudara laki-laki saja]
ma sœur	**saudara perempuan saya** [saudara perempuan saja]
mon fils	**anak laki-laki saya** [ana' laki-laki saja]
ma fille	**anak perempuan saya** [ana' perempuan saja]
C'est notre fils.	**Ini anak laki-laki kami.** [ini ana' laki-laki kami]
C'est notre fille.	**Ini anak perempuan kami.** [ini ana' perempuan kami]
Ce sont mes enfants.	**Ini anak-anak saya.** [ini ana'-ana' saja]
Ce sont nos enfants.	**Ini anak-anak kami.** [ini ana'-ana' kami]

Les adieux

Au revoir!	**Selamat tinggal!** [selamat tiŋgal!]
Salut!	**Dadah!** [dadah!]
À demain.	**Sampai bertemu besok.** [sampaj bertemu beso']
À bientôt.	**Sampai jumpa.** [sampaj dʒ'umpa]
On se revoit à sept heures.	**Sampai jumpa pukul tujuh.** [sampaj dʒ'umpa pukul tudʒ'uh]
Amusez-vous bien!	**Selamat bersenang-senang!** [selamat bersenaŋ-senaŋ!]
On se voit plus tard.	**Kita mengobrol lagi nanti.** [kita meŋobrol lagi nanti]
Bonne fin de semaine.	**Selamat berakhir pekan.** [selamat berahir pekan]
Bonne nuit.	**Selamat malam.** [selamat malam]
Il est l'heure que je parte.	**Sudah waktunya saya pamit.** [sudah waktunja saja pamit]
Je dois m'en aller.	**Saya harus pergi.** [saja harus pergi]
Je reviens tout de suite.	**Saya akan segera kembali.** [saja akan segera kembali]
Il est tard.	**Sudah larut.** [sudah larut]
Je dois me lever tôt.	**Saya harus bangun pagi.** [saja harus baŋun pagi]
Je pars demain.	**Saya pergi besok.** [saja pergi beso']
Nous partons demain.	**Kami pergi besok.** [kami pergi beso']
Bon voyage!	**Semoga perjalanan Anda menyenangkan!** [semoga perdʒ'alanan anda menjenaŋkan!]
Enchanté de faire votre connaissance.	**Senang dapat berjumpa dengan Anda.** [senaŋ dapat berdʒ'umpa deŋan anda]

Heureux /Heureuse/ d'avoir parlé avec vous.	**Senang dapat berbincang dengan Anda.** [senaŋ dapat berbintʃaŋ deŋan anda]
Merci pour tout.	**Terima kasih atas segalanya.** [terima kasih atas segalanja]
Je me suis vraiment amusé /amusée/	**Saya senang sekali hari ini.** [saja senaŋ sekali hari ini]
Nous nous sommes vraiment amusés /amusées/	**Kami senang sekali hari ini.** [kami senaŋ sekali hari ini]
C'était vraiment plaisant.	**Hari yang luar biasa.** [hari jaŋ luar biasa]
Vous allez me manquer.	**Saya akan merindukan Anda.** [saja akan merindukan anda]
Vous allez nous manquer.	**Kami akan merindukan Anda.** [kami akan merindukan anda]
Bonne chance!	**Semoga berhasil!** [semoga berhasil!]
Mes salutations à …	**Sampaikan salam saya untuk …** [sampajkan salam saja untu' …]

Une langue étrangère

Je ne comprends pas.	**Saya tidak mengerti.** [saja tida' meŋerti]
Écrivez-le, s'il vous plaît.	**Tolong tuliskan.** [toloŋ tuliskan]
Parlez-vous …?	**Apa Anda bisa berbahasa …?** [apa anda bisa berbahasa …?]

Je parle un peu …	**Saya bisa sedikit berbahasa …** [saja bisa sedikit berbahasa …]
anglais	**Inggris** [iŋgris]
turc	**Turki** [turki]
arabe	**Arab** [arab]
français	**Perancis** [perantʃis]

allemand	**Jerman** [dʒˈerman]
italien	**Italia** [italia]
espagnol	**Spanyol** [spanjol]
portugais	**Portugis** [portugis]
chinois	**Mandarin** [mandarin]
japonais	**Jepang** [dʒˈepaŋ]

Pouvez-vous le répéter, s'il vous plaît.	**Bisakah Anda mengulanginya?** [bisakah anda meŋulaŋinja?]
Je comprends.	**Saya mengerti.** [saja meŋerti]
Je ne comprends pas.	**Saya tidak mengerti.** [saja tida' meŋerti]
Parlez plus lentement, s'il vous plaît.	**Tolong berbicara lebih lambat.** [toloŋ berbitʃara lebih lambat]

Est-ce que c'est correct?	**Apakah itu benar?** [apakah itu benar?]
Qu'est-ce que c'est?	**Apa ini? (Apa artinya ini?)** [apa ini? (apa artinja ini?)]

Les excuses

Excusez-moi, s'il vous plaît.

Permisi.
[permisi]

Je suis désolé /désolée/

Maaf.
[ma'af]

Je suis vraiment /désolée/

Saya benar-benar minta maaf.
[saja benar-benar minta ma'af]

Désolé /Désolée/, c'est ma faute.

Maaf, itu kesalahan saya.
[ma'af, itu kesalahan saja]

Au temps pour moi.

Saya yang salah.
[saja jaŋ salah]

Puis-je ... ?

Boleh saya ...?
[boleh saja ...?]

Ça vous dérange si je ...?

Apakah Anda keberatan jika saya ...?
[apakah anda keberatan dʒika saja ...?]

Ce n'est pas grave.

Tidak apa-apa.
[tida' apa-apa]

Ça va.

Tidak apa-apa.
[tida' apa-apa]

Ne vous inquiétez pas.

Jangan khawatir.
[dʒ'aŋan hawatir]

Les accords

Oui	**Ya.** [ja]
Oui, bien sûr.	**Ya, tentu saja.** [ja, tentu sadʒّا]
Bien.	**Bagus!** [bagus!]
Très bien.	**Baiklah.** [baiklah]
Bien sûr!	**Tentu saja.** [tentu sadʒّا]
Je suis d'accord.	**Saya setuju.** [saja setudʒّu]
C'est correct.	**Betul.** [betul]
C'est exact.	**Benar.** [benar]
Vous avez raison.	**Anda benar.** [anda benar]
Je ne suis pas contre.	**Saya tidak keberatan.** [saja tidak keberatan]
Tout à fait correct.	**Benar sekali.** [benar sekali]
C'est possible.	**Mungkin saja.** [muŋkin sadʒّا]
C'est une bonne idée.	**Ide bagus.** [ide bagus]
Je ne peux pas dire non.	**Saya tidak bisa menolaknya.** [saja tida' bisa menolaknja]
J'en serai ravi /ravie/	**Dengan senang hati.** [deŋan senaŋ hati]
Avec plaisir.	**Dengan senang hati.** [deŋan senaŋ hati]

Refus, exprimer le doute

Non	**Tidak.**
	[tidaʔ]
Absolument pas.	**Tentu saja tidak.**
	[tentu sadʒʲa tidaʔ]
Je ne suis pas d'accord.	**Saya tidak setuju.**
	[saja tidaʔ setudʒʲu]

Je ne le crois pas.	**Saya rasa tidak begitu.**
	[saja rasa tidaʔ begitu]
Ce n'est pas vrai.	**Tidak benar.**
	[tidaʔ benar]

Vous avez tort.	**Anda keliru.**
	[anda keliru]
Je pense que vous avez tort.	**Saya rasa Anda keliru.**
	[saja rasa anda keliru]
Je ne suis pas sûr /sûre/	**Saya kurang yakin.**
	[saja kuraŋ jakin]
C'est impossible.	**Tidak mungkin.**
	[tidaʔ muŋkin]
Pas du tout!	**Itu mengada-ada!**
	[itu meŋada-ada!]

Au contraire!	**Justru kebalikannya.**
	[dʒʲustru kebalikannja]
Je suis contre.	**Saya menentangnya.**
	[saja menentaŋnja]

Ça m'est égal.	**Saya tidak peduli.**
	[saja tidaʔ peduli]
Je n'ai aucune idée.	**Saya tidak tahu.**
	[saja tidaʔ tahu]
Je doute que cela soit ainsi.	**Saya meragukannya.**
	[saja meragukannja]

Désolé /Désolée/, je ne peux pas.	**Maaf, saya tidak bisa.**
	[maʔaf, saja tidaʔ bisa]
Désolé /Désolée/, je ne veux pas.	**Maaf, saya tidak mau.**
	[maʔaf, saja tidaʔ mau]

Merci, mais ça ne m'intéresse pas.	**Maaf, saya tidak membutuhkannya.**
	[maʔaf, saja tidaʔ membutuhkannja]
Il se fait tard.	**Sudah semakin larut.**
	[sudah semakin larut]

Je dois me lever tôt.

Saya harus bangun pagi.
[saja harus baŋun pagi]

Je ne me sens pas bien.

Saya tidak enak badan.
[saja tida' enak badan]

Exprimer la gratitude

Merci.	**Terima kasih.** [terima kasih]
Merci beaucoup.	**Terima kasih banyak.** [terima kasih banjaʔ]

Je l'apprécie beaucoup.	**Saya sangat menghargainya.** [saja saŋat meŋhargainja]
Je vous suis très reconnaissant.	**Saya sangat berterima kasih kepada Anda.** [saja saŋat berterima kasih kepada anda]
Nous vous sommes très reconnaissant.	**Kami sangat berterima kasih kepada Anda.** [kami saŋat berterima kasih kepada anda]

Merci pour votre temps.	**Terima kasih atas waktu Anda.** [terima kasih atas waktu anda]
Merci pour tout.	**Terima kasih atas segalanya.** [terima kasih atas segalanja]
Merci pour ...	**Terima kasih atas ...** [terima kasih atas ...]
votre aide	**bantuan Anda** [bantuan anda]
les bons moments passés	**saat yang menyenangkan ini** [saʔat jaŋ menjenaŋkan ini]

un repas merveilleux	**hidangan yang luar biasa ini** [hidaŋan jaŋ luar biasa ini]
cette agréable soirée	**malam yang menyenangkan ini** [malam jaŋ menjenaŋkan ini]
cette merveilleuse journée	**hari yang luar biasa ini** [hari jaŋ luar biasa ini]
une excursion extraordinaire	**perjalanan yang menakjubkan ini** [perdʒʲalanan jaŋ menakdʒʲubkan ini]

Il n'y a pas de quoi.	**Jangan sungkan.** [dʒʲaŋan suŋkan]
Vous êtes les bienvenus.	**Terima kasih kembali.** [terima kasih kembali]
Mon plaisir.	**Sama-sama.** [sama-sama]
J'ai été heureux /heureuse/ de vous aider.	**Dengan senang hati.** [deŋan senaŋ hati]

Ça va. N'y pensez plus.	**Jangan sungkan.** [dʒˈaŋan suŋkan]
Ne vous inquiétez pas.	**Jangan khawatir.** [dʒˈaŋan hawatir]

Félicitations. Vœux de fête

Félicitations!	**Selamat!** [selamat!]
Joyeux anniversaire!	**Selamat ulang tahun!** [selamat ulaŋ tahun!]
Joyeux Noël!	**Selamat Natal!** [selamat natal!]
Bonne Année!	**Selamat Tahun Baru!** [selamat tahun baru!]

Joyeuses Pâques!	**Selamat Paskah!** [selamat paskah!]
Joyeux Hanoukka!	**Selamat Hanukkah!** [selamat hanu'kah!]

Je voudrais proposer un toast.	**Saya ingin bersulang.** [saja iŋin bersulaŋ]
Santé!	**Bersulang!** [bersulaŋ!]
Buvons à …!	**Mari bersulang demi …!** [mari bersulaŋ demi …!]
À notre succès!	**Demi keberhasilan kita!** [demi keberhasilan kita!]
À votre succès!	**Demi keberhasilan Anda!** [demi keberhasilan anda!]

Bonne chance!	**Semoga berhasil!** [semoga berhasil!]
Bonne journée!	**Semoga hari Anda menyenangkan!** [semoga hari anda menjenaŋkan!]
Passez de bonnes vacances !	**Selamat berlibur!** [selamat berlibur!]
Bon voyage!	**Semoga perjalanan Anda menyenangkan!** [semoga perdʒ'alanan anda menjenaŋkan!]

Rétablissez-vous vite.	**Semoga cepat sembuh!** [semoga tʃepat sembuh!]

Socialiser

Pourquoi êtes-vous si triste?	**Mengapa Anda sedih?** [meɲapa anda sedih?]
Souriez!	**Tersenyumlah! Bersemangatlah!** [tersenjumlah! bersemaŋatlah!]
Êtes-vous libre ce soir?	**Apa Anda punya waktu malam ini?** [apa anda punja waktu malam ini?]
Puis-je vous offrir un verre?	**Boleh saya ambilkan Anda minuman?** [boleh saja ambilkan anda minuman?]
Voulez-vous danser?	**Maukah Anda berdansa?** [maukah anda berdansa?]
Et si on va au cinéma?	**Mari kita ke bioskop.** [mari kita ke bioskop]
Puis-je vous inviter ...	**Boleh saya ajak Anda ke ...?** [boleh saja adʒʲa' anda ke ...?]
au restaurant	**restoran** [restoran]
au cinéma	**bioskop** [bioskop]
au théâtre	**teater** [teater]
pour une promenade	**jalan-jalan** [dʒʲalan-dʒʲalan]
À quelle heure?	**Jam berapa?** [dʒʲam berapa?]
ce soir	**malam ini** [malam ini]
à six heures	**pada pukul enam** [pada pukul enam]
à sept heures	**pada pukul tujuh** [pada pukul tudʒʲuh]
à huit heures	**pada pukul delapan** [pada pukul delapan]
à neuf heures	**pada pukul sembilan** [pada pukul sembilan]
Est-ce que vous aimez cet endroit?	**Apa Anda suka di sini?** [apa anda suka di sini?]
Êtes-vous ici avec quelqu'un?	**Apa Anda di sini bersama orang lain?** [apa anda di sini bersama oraŋ lain?]
Je suis avec mon ami.	**Saya bersama teman saya.** [saja bersama teman saja]

Je suis avec mes amis.

Saya bersama teman-teman saya.
[saja bersama teman-teman saja]

Non, je suis seul /seule/

Tidak, saya sendirian.
[tida', saja sendirian]

As-tu un copain?

Kamu punya pacar?
[kamu punja patʃar?]

J'ai un copain.

Aku punya pacar.
[aku punja patʃar]

As-tu une copine?

Kamu punya pacar?
[kamu punja patʃar?]

J'ai une copine.

Aku punya pacar.
[aku punja patʃar]

Est-ce que je peux te revoir?

Bolehkah aku menemuimu lagi?
[bolehkah aku menemuimu lagi?]

Est-ce que je peux t'appeler?

Bolehkah aku meneleponmu?
[bolehkah aku meneleponmu?]

Appelle-moi.

Telepon aku.
[telepon aku]

Quel est ton numéro?

Berapa nomor teleponmu?
[berapa nomor teleponmu?]

Tu me manques.

Aku merindukanmu.
[aku merindukanmu]

Vous avez un très beau nom.

Nama Anda bagus.
[nama anda bagus]

Je t'aime.

Aku mencintaimu.
[aku mentʃintajmu]

Veux-tu te marier avec moi?

Maukah kau menikah denganku?
[maukah kau menikah deŋanku?]

Vous plaisantez!

Anda bercanda!
[anda bertʃanda!]

Je plaisante.

Saya hanya bercanda.
[saja hanja bertʃanda]

Êtes-vous sérieux /sérieuse/?

Apa Anda serius?
[apa anda serius?]

Je suis sérieux /sérieuse/

Saya serius.
[saja serius]

Vraiment?!

Sungguh?!
[suŋguh?!]

C'est incroyable!

Tak bisa dipercaya!
[tak bisa dipertʃaja!]

Je ne vous crois pas.

Saya tidak percaya.
[saja tida' pertʃaja]

Je ne peux pas.

Saya tidak bisa.
[saja tida' bisa]

Je ne sais pas.

Saya tidak tahu.
[saja tida' tahu]

Je ne vous comprends pas	**Saya tidak mengerti sikap Anda.** [saja tida' meŋerti sikap anda]
Laissez-moi! Allez-vous-en!	**Silakan pergi saja.** [silakan pergi saʤʲa]
Laissez-moi tranquille!	**Tinggalkan saya sendiri!** [tiŋgalkan saja sendiri!]

Je ne le supporte pas.	**Saya tidak tahan dengannya.** [saja tida' tahan deŋannja]
Vous êtes dégoûtant!	**Anda menjijikkan!** [anda menʤiʤi'kan!]
Je vais appeler la police!	**Saya akan telepon polisi!** [saja akan telepon polisi!]

Partager des impressions. Émotions

J'aime ça.	**Saya menyukainya.** [saja menjukainja]
C'est gentil.	**Bagus sekali.** [bagus sekali]
C'est super!	**Hebat!** [hebat!]
C'est assez bien.	**Lumayan.** [lumajan]

Je n'aime pas ça.	**Saya tidak menyukainya.** [saja tidaʾ menjukainja]
Ce n'est pas bien.	**Tidak bagus.** [tidaʾ bagus]
C'est mauvais.	**Jelek.** [dʒⁱeleʾ]
Ce n'est pas bien du tout.	**Jelek sekali.** [dʒⁱeleʾ sekali]
C'est dégoûtant.	**Menjijikkan.** [mendʒidʒiʾkan]

Je suis content /contente/	**Saya senang.** [saja senaŋ]
Je suis heureux /heureuse/	**Saya puas.** [saja puas]
Je suis amoureux /amoureuse/	**Saya sedang jatuh cinta.** [saja sedaŋ dʒⁱatuh tʃinta]
Je suis calme.	**Saya tenang.** [saja tenaŋ]
Je m'ennuie.	**Saya bosan.** [saja bosan]

Je suis fatigué /fatiguée/	**Saya lelah.** [saja lelah]
Je suis triste.	**Saya sedih.** [saja sedih]
J'ai peur.	**Saya takut.** [saja takut]

Je suis fâché /fâchée/	**Saya marah.** [saja marah]
Je suis inquiet /inquiète/	**Saya khawatir.** [saja hawatir]
Je suis nerveux /nerveuse/	**Saya gugup.** [saja gugup]

Je suis jaloux /jalouse/

Saya cemburu.
[saja ʧemburu]

Je suis surpris /surprise/

Saya terkejut.
[saja terkeʤ'ut]

Je suis gêné /gênée/

Saya bingung.
[saja biŋuŋ]

Problèmes. Accidents

J'ai un problème.	**Saya sedang kesulitan.** [saja sedaŋ kesulitan]
Nous avons un problème.	**Kami sedang kesulitan.** [kami sedaŋ kesulitan]
Je suis perdu /perdue/	**Saya tersesat.** [saja tersesat]
J'ai manqué le dernier bus (train).	**Saya tertinggal bus (kereta) terakhir.** [saja tertiŋgal bus (kereta) terahir]
Je n'ai plus d'argent.	**Saya tidak punya uang lagi.** [saja tidak punja uaŋ lagi]

J'ai perdu mon ...	**... saya hilang.** [... saja hilaŋ]
On m'a volé mon ...	**... saya kecurian.** [... saja ketʃurian]

passeport	**paspor** [paspor]
portefeuille	**dompet** [dompet]
papiers	**dokumen** [dokumen]
billet	**tiket** [tiket]

argent	**uang** [uaŋ]
sac à main	**tas** [tas]
appareil photo	**kamera** [kamera]
portable	**laptop** [laptop]
ma tablette	**komputer tablet** [komputer tablet]
mobile	**ponsel** [ponsel]

Au secours!	**Tolong!** [toloŋ!]
Qu'est-il arrivé?	**Ada apa?** [ada apa?]
un incendie	**kebakaran** [kebakaran]

des coups de feu	**penembakan** [penembakan]
un meurtre	**pembunuhan** [pembunuhan]
une explosion	**ledakan** [ledakan]
une bagarre	**perkelahian** [perkelahian]

Appelez la police!	**Telepon polisi!** [telepon polisi!]
Dépêchez-vous, s'il vous plaît!	**Cepat!** [tʃepat!]
Je cherche le commissariat de police.	**Saya sedang mencari kantor polisi.** [saja sedaŋ mentʃari kantor polisi]
Il me faut faire un appel.	**Saya perlu menelepon.** [saja perlu menelepon]
Puis-je utiliser votre téléphone?	**Bolehkah saya meminjam telepon Anda?** [bolehkah saja memindʒiam telepon anda?]

J'ai été …	**Saya telah …** [saja telah …]
agressé /agressée/	**ditodong** [ditodoŋ]
volé /volée/	**dirampok** [dirampoʔ]
violée	**diperkosa** [diperkosa]
attaqué /attaquée/	**diserang** [diseraŋ]

Est-ce que ça va?	**Anda tidak apa-apa?** [anda tidaʔ apa-apa?]
Avez-vous vu qui c'était?	**Apa Anda melihat pelakunya?** [apa anda melihat pelakunja?]
Pourriez-vous reconnaître cette personne?	**Bisakah Anda mengenali pelakunya?** [bisakah anda meŋenali pelakunja?]
Vous êtes sûr?	**Anda yakin?** [anda jakin?]

Calmez-vous, s'il vous plaît.	**Tenanglah dulu.** [tenaŋlah dulu]
Calmez-vous!	**Tenangkan diri Anda!** [tenaŋkan diri anda!]
Ne vous inquiétez pas.	**Jangan khawatir!** [dʒiaŋan hawatir!]
Tout ira bien.	**Semuanya akan baik-baik saja.** [semuanja akan baiʔ-baiʔ sadʒia]
Ça va. Tout va bien.	**Semuanya baik-baik saja.** [semuanja baiʔ-baiʔ sadʒia]

Venez ici, s'il vous plaît.	**Kemarilah.** [kemarilah]
J'ai des questions à vous poser.	**Saya ingin menanyakan beberapa pertanyaan.** [saja iŋin menanjakan beberapa pertanja'an]
Attendez un moment, s'il vous plaît.	**Tunggulah sebentar.** [tuŋgulah sebentar]
Avez-vous une carte d'identité?	**Apa Anda punya kartu pengenal?** [apa anda punja kartu peŋenal?]
Merci. Vous pouvez partir maintenant.	**Terima kasih. Anda boleh pergi sekarang.** [terima kasih. anda boleh pergi sekaraŋ]
Les mains derrière la tête!	**Tangan di belakang kepala!** [taŋan di belakaŋ kepala!]
Vous êtes arrêté!	**Anda ditangkap!** [anda ditaŋkap!]

Problèmes de santé

Aidez-moi, s'il vous plaît.	**Tolong bantu saya.** [toloŋ bantu saja]
Je ne me sens pas bien.	**Saya tidak enak badan.** [saja tida' ena' badan]
Mon mari ne se sent pas bien.	**Suami saya tidak enak badan.** [suami saja tida' ena' badan]
Mon fils ...	**Anak laki-laki saya ...** [ana' laki-laki saja ...]
Mon père ...	**Ayah saya ...** [ajah saja ...]
Ma femme ne se sent pas bien.	**Istri saya tidak enak badan.** [istri saja tida' ena' badan]
Ma fille ...	**Anak perempuan saya ...** [ana' perempuan saja ...]
Ma mère ...	**Ibu saya ...** [ibu saja ...]
J'ai mal ...	**Saya ...** [saja ...]
à la tête	**sakit kepala** [sakit kepala]
à la gorge	**sakit tenggorokan** [sakit teŋgorokan]
à l'estomac	**sakit perut** [sakit perut]
aux dents	**sakit gigi** [sakit gigi]
J'ai le vertige.	**Saya merasa pusing.** [saja merasa pusiŋ]
Il a de la fièvre.	**Dia demam.** [dia demam]
Elle a de la fièvre.	**Dia demam.** [dia demam]
Je ne peux pas respirer.	**Saya tak dapat bernapas.** [saja ta' dapat bernapas]
J'ai du mal à respirer.	**Saya sesak napas.** [saja sesa' napas]
Je suis asthmatique.	**Saya menderita asma.** [saja menderita asma]
Je suis diabétique.	**Saya menderita diabetes.** [saja menderita diabetes]

Je ne peux pas dormir.	**Saya susah tidur.** [saja susah tidur]
intoxication alimentaire	**keracunan makanan** [keratʃunan makanan]

Ça fait mal ici.	**Sakitnya di sini.** [sakitnja di sini]
Aidez-moi!	**Tolong!** [toloŋ!]
Je suis ici!	**Saya di sini!** [saja di sini!]
Nous sommes ici!	**Kami di sini!** [kami di sini!]
Sortez-moi d'ici!	**Keluarkan saya dari sini!** [keluarkan saja dari sini!]
J'ai besoin d'un docteur.	**Saya perlu dokter.** [saja perlu dokter]
Je ne peux pas bouger!	**Saya tak dapat bergerak.** [saja ta' dapat bergera']
Je ne peux pas bouger mes jambes.	**Kaki saya tak dapat digerakkan.** [kaki saja ta' dapat digera'kan]

Je suis blessé /blessée/	**Saya terluka.** [saja terluka]
Est-ce que c'est sérieux?	**Apakah serius?** [apakah serius?]
Mes papiers sont dans ma poche.	**Dokumen saya ada di saku.** [dokumen saja ada di saku]
Calmez-vous!	**Tenanglah dulu!** [tenaŋlah dulu!]
Puis-je utiliser votre téléphone?	**Bolehkah saya meminjam telepon Anda?** [bolehkah saja memindʒʲam telepon anda?]

Appelez une ambulance!	**Panggil ambulans!** [paŋgil ambulans!]
C'est urgent!	**Ini mendesak!** [ini mendesa'!]
C'est une urgence!	**Ini darurat!** [ini darurat!]
Dépêchez-vous, s'il vous plaît!	**Cepat!** [tʃepat!]
Appelez le docteur, s'il vous plaît.	**Maukah Anda memanggilkan dokter?** [maukah anda memaŋgilkan dokter?]
Où est l'hôpital?	**Di mana rumah sakitnya?** [di mana rumah sakitnja?]

Comment vous sentez-vous?	**Bagaimana perasaan Anda?** [bagajmana perasa'an anda?]
Est-ce que ça va?	**Anda tidak apa-apa?** [anda tida' apa-apa?]

Qu'est-il arrivé?

Ada apa?
[ada apa?]

Je me sens mieux maintenant.

Saya merasa baikan sekarang.
[saja merasa baikan sekaraŋ]

Ça va. Tout va bien.

Tidak apa-apa.
[tida' apa-apa]

Ça va.

Tidak apa-apa.
[tida' apa-apa]

À la pharmacie

pharmacie	**apotek** [apoteʔ]
pharmacie 24 heures	**apotek 24 jam** [apoteʔ dua puluh empat dʒⁱam]
Où se trouve la pharmacie la plus proche?	**Di mana apotek terdekat?** [di mana apoteʔ terdekat?]
Est-elle ouverte en ce moment?	**Apa buka sekarang?** [apa buka sekaraŋ?]
À quelle heure ouvre-t-elle?	**Pukup berapa buka?** [pukup berapa buka?]
à quelle heure ferme-t-elle?	**Pukul berapa tutup?** [pukul berapa tutup?]
C'est loin?	**Apakah tempatnya jauh?** [apakah tempatnja dʒⁱauh?]
Est-ce que je peux y aller à pied?	**Bisakah saya berjalan kaki ke sana?** [bisakah saja berdʒⁱalan kaki ke sana?]
Pouvez-vous me le montrer sur la carte?	**Bisakah Anda tunjukkan di peta?** [bisakah anda tundʒⁱuʔkan di peta?]
Pouvez-vous me donner quelque chose contre …	**Berikan saya obat untuk …** [berikan saja obat untuʔ …]
le mal de tête	**sakit kepala** [sakit kepala]
la toux	**batuk** [batuʔ]
le rhume	**masuk angin** [masuʔ aŋin]
la grippe	**flu** [flu]
la fièvre	**demam** [demam]
un mal d'estomac	**sakit perut** [sakit perut]
la nausée	**mual** [mual]
la diarrhée	**diare** [diare]
la constipation	**sembelit** [sembelit]
un mal de dos	**nyeri punggung** [njeri puŋguŋ]

les douleurs de poitrine	**nyeri dada** [njeri dada]
les points de côté	**kram perut** [kram perut]
les douleurs abdominales	**nyeri perut** [njeri perut]
une pilule	**pil** [pil]
un onguent, une crème	**salep, krim** [salep, krim]
un sirop	**sirop** [sirop]
un spray	**semprot** [semprot]
les gouttes	**tetes** [tetes]
Vous devez allez à l'hôpital.	**Anda perlu ke rumah sakit.** [anda perlu ke rumah sakit]
assurance maladie	**asuransi kesehatan** [asuransi kesehatan]
prescription	**resep** [resep]
produit anti-insecte	**obat antinyamuk** [obat antinjamuꞌ]
bandages adhésifs	**plester pembalut** [plester pembalut]

Les essentiels

Excusez-moi, …	**Permisi, …** [permisi, …]
Bonjour	**Halo.** [halo]
Merci	**Terima kasih.** [terima kasih]
Au revoir	**Selamat tinggal.** [slamat tiŋgal]
Oui	**Ya.** [ja]
Non	**Tidak.** [tidaʔ]
Je ne sais pas.	**Saya tidak tahu.** [saja tidaʔ tahu]
Où? | Où? | Quand?	**Di mana? | Ke mana? | Kapan?** [di mana? | ke mana? | kapan?]
J'ai besoin de …	**Saya perlu …** [saja perlu …]
Je veux …	**Saya ingin …** [saja iŋin …]
Avez-vous … ?	**Apa Anda punya …?** [apa anda punja …?]
Est-ce qu'il y a … ici?	**Apa ada … di sini?** [apa ada … di sini?]
Puis-je … ?	**Boleh saya …?** [boleh saja …?]
s'il vous plaît (pour une demande)	**Tolong, …** [toloŋ, …]
Je cherche …	**Saya sedang mencari …** [saja sedaŋ mentʃari …]
les toilettes	**kamar kecil** [kamar ketʃil]
un distributeur	**ATM** [a-te-em]
une pharmacie	**apotek** [apoteʔ]
l'hôpital	**rumah sakit** [rumah sakit]
le commissariat de police	**kantor polisi** [kantor polisi]
une station de métro	**stasiun bawah tanah** [stasiun bawah tanah]

un taxi	**taksi** [taksi]
la gare	**stasiun kereta api** [stasiun kereta api]

Je m'appelle ...	**Nama saya ...** [nama saja ...]
Comment vous appelez-vous?	**Siapa nama Anda?** [siapa nama anda?]
Aidez-moi, s'il vous plaît.	**Bisakah Anda menolong saya?** [bisakah anda menoloŋ saja?]
J'ai un problème.	**Saya sedang kesulitan.** [saja sedaŋ kesulitan]
Je ne me sens pas bien.	**Saya tidak enak badan.** [saja tidaʔ enak badan]
Appelez une ambulance!	**Panggil ambulans!** [paŋgil ambulans!]
Puis-je faire un appel?	**Boleh saya menelepon?** [boleh saja menelepon?]

Excusez-moi.	**Maaf.** [maʔaf]
Je vous en prie.	**Terima kasih kembali.** [terima kasih kembali]

je, moi	**Saya, aku** [saja, aku]
tu, toi	**kamu, kau** [kamu, kau]
il	**dia, ia** [dia, ia]
elle	**dia, ia** [dia, ia]
ils	**mereka** [mereka]
elles	**mereka** [mereka]
nous	**kami** [kami]
vous	**kalian** [kalian]
Vous	**Anda** [anda]

ENTRÉE	**MASUK** [masuʔ]
SORTIE	**KELUAR** [keluar]
HORS SERVICE | EN PANNE	**TIDAK DAPAT DIGUNAKAN** [tidaʔ dapat digunakan]
FERMÉ	**TUTUP** [tutup]

OUVERT

BUKA
[buka]

POUR LES FEMMES

UNTUK PEREMPUAN
[untu' perempuan]

POUR LES HOMMES

UNTUK LAKI-LAKI
[untu' laki-laki]

VOCABULAIRE THÉMATIQUE

Cette section contient plus de 3000 des mots les plus importants. Le dictionnaire sera d'une aide indispensable lors de voyages à l'étranger puisque les mots individuels sont souvent assez pour être compris. Le dictionnaire comprend une transcription utile de chaque mot

T&P Books Publishing

CONTENU DU DICTIONNAIRE

T&P Books Publishing

CONCEPTS DE BASE

T&P Books Publishing

1. Les pronoms

je	saya, aku	[saja], [aku]
tu	engkau, kamu	[eŋkau], [kamu]
il, elle, ça	beliau, dia, ia	[beliau], [dia], [ia]

nous	kami, kita	[kami], [kita]
vous	kalian	[kalian]
vous (form., sing.)	Anda	[anda]
vous (form., pl)	Anda sekalian	[anda sekalian]
ils, elles	mereka	[mereka]

2. Adresser des vœux. Se dire bonjour

Bonjour! (fam.)	Halo!	[halo!]
Bonjour! (form.)	Halo!	[halo!]
Bonjour! (le matin)	Selamat pagi!	[slamat pagi!]
Bonjour! (après-midi)	Selamat siang!	[slamat siaŋ!]
Bonsoir!	Selamat sore!	[slamat sore!]

dire bonjour	menyapa	[mənjapa]
Salut!	Hai!	[hey!]
salut (m)	sambutan, salam	[sambutan], [salam]
saluer (vt)	menyambut	[mənjambut]
Comment ça va?	Apa kabar?	[apa kabar?]
Quoi de neuf?	Apa yang baru?	[apa yaŋ baru?]

Au revoir! (form.)	Selamat tinggal! Selamat jalan!	[slamat tiŋgal!], [slamat dʒalan!]
Au revoir! (fam.)	Dadah!	[dadah!]
À bientôt!	Sampai bertemu lagi!	[sampaj bərtemu lagi!]
Adieu! (fam.)	Sampai jumpa!	[sampaj dʒumpa!]
Adieu! (form.)	Selamat tinggal!	[slamat tiŋgal!]
dire au revoir	berpamitan	[bərpamitan]
Salut! (À bientôt!)	Sampai nanti!	[sampaj nanti!]

Merci!	Terima kasih!	[tərima kasih!]
Merci beaucoup!	Terima kasih banyak!	[tərima kasih banjaʔ!]
Je vous en prie	Kembali! Sama-sama!	[kembali!], [sama-sama!]
Il n'y a pas de quoi	Kembali!	[kembali!]
Pas de quoi	Kembali!	[kembali!]

Excuse-moi! Excusez-moi!	Maaf, ...	[maʔaf, ...]
excuser (vt)	memaafkan	[memaʔafkan]

s'excuser (vp)	meminta maaf	[meminta ma'af]
Mes excuses	Maafkan saya	[ma'afkan saja]
Pardonnez-moi!	Maaf!	[ma'af!]
pardonner (vt)	memaafkan	[mema'afkan]
C'est pas grave	Tidak apa-apa!	[tida' apa-apa!]
s'il vous plaît	tolong	[toloŋ]
N'oubliez pas!	Jangan lupa!	[dʒˡaŋan lupa!]
Bien sûr!	Tentu!	[tentu!]
Bien sûr que non!	Tentu tidak!	[tentu tida'!]
D'accord!	Baiklah! Baik!	[bajklah!], [baj'!]
Ça suffit!	Cukuplah!	[ʧukuplah!]

3. Les questions

Qui?	Siapa?	[siapa?]
Quoi?	Apa?	[apa?]
Où? (~ es-tu?)	Di mana?	[di mana?]
Où? (~ vas-tu?)	Ke mana?	[ke mana?]
D'où?	Dari mana?	[dari mana?]
Quand?	Kapan?	[kapan?]
Pourquoi? (~ es-tu venu?)	Mengapa?	[məŋapa?]
Pourquoi? (~ t'es pâle?)	Mengapa?	[məŋapa?]
À quoi bon?	Untuk apa?	[untu' apa?]
Comment?	Bagaimana?	[bagajmana?]
Quel? (à ~ prix?)	Apa? Yang mana?	[apa?], [yaŋ mana?]
Lequel?	Yang mana?	[yaŋ mana?]
À qui? (pour qui?)	Kepada siapa? Untuk siapa?	[kepada siapa?], [untu' siapa?]
De qui?	Tentang siapa?	[tentaŋ siapa?]
De quoi?	Tentang apa?	[tentaŋ apa?]
Avec qui?	Dengan siapa?	[deŋan siapa?]
Combien?	Berapa?	[bərapa?]
À qui?	Milik siapa?	[mili' siapa?]

4. Les prépositions

avec (~ toi)	dengan	[deŋan]
sans (~ sucre)	tanpa	[tanpa]
à (aller ~ …)	ke	[ke]
de (au sujet de)	tentang …	[tentaŋ …]
avant (~ midi)	sebelum	[sebelum]
devant (~ la maison)	di depan …	[di depan …]
sous (~ la commode)	di bawah	[di bawah]
au-dessus de …	di atas	[di atas]

sur (dessus)   **di atas**   [di atas]
de (venir ~ Paris)   **dari**   [dari]
en (en bois, etc.)   **dari**   [dari]

dans (~ deux heures)   **dalam**   [dalam]
par dessus   **melalui**   [melalui]

5. Les mots-outils. Les adverbes. Partie 1

Où? (~ es-tu?)   **Di mana?**   [di mana?]
ici (c'est ~)   **di sini**   [di sini]
là-bas (c'est ~)   **di sana**   [di sana]

quelque part (être)   **di suatu tempat**   [di suatu tempat]
nulle part (adv)   **tak ada di mana pun**   [taʔ ada di mana pun]

près de …   **dekat**   [dekat]
près de la fenêtre   **dekat jendela**   [dekat dʒʲendela]

Où? (~ vas-tu?)   **Ke mana?**   [ke mana?]
ici (Venez ~)   **ke sini**   [ke sini]
là-bas (j'irai ~)   **ke sana**   [ke sana]
d'ici (adv)   **dari sini**   [dari sini]
de là-bas (adv)   **dari sana**   [dari sana]

près (pas loin)   **dekat**   [dekat]
loin (adv)   **jauh**   [dʒʲauh]

près de (~ Paris)   **dekat**   [dekat]
tout près (adv)   **dekat**   [dekat]
pas loin (adv)   **tidak jauh**   [tidaʔ dʒʲauh]

gauche (adj)   **kiri**   [kiri]
à gauche (être ~)   **di kiri**   [di kiri]
à gauche (tournez ~)   **ke kiri**   [ke kiri]

droit (adj)   **kanan**   [kanan]
à droite (être ~)   **di kanan**   [di kanan]
à droite (tournez ~)   **ke kanan**   [ke kanan]

devant (adv)   **di depan**   [di depan]
de devant (adj)   **depan**   [depan]
en avant (adv)   **ke depan**   [ke depan]

derrière (adv)   **di belakang**   [di belakaŋ]
par derrière (adv)   **dari belakang**   [dari belakaŋ]
en arrière (regarder ~)   **mundur**   [mundur]

milieu (m)   **tengah**   [teŋah]
au milieu (adv)   **di tengah**   [di teŋah]

de côté (vue ~)	**di sisi, di samping**	[di sisi], [di sampiŋ]
partout (adv)	**di mana-mana**	[di mana-mana]
autour (adv)	**di sekitar**	[di sekitar]
de l'intérieur	**dari dalam**	[dari dalam]
quelque part (aller)	**ke suatu tempat**	[ke suatu tempat]
tout droit (adv)	**terus**	[terus]
en arrière (revenir ~)	**kembali**	[kembali]
de quelque part (n'import d'où)	**dari mana pun**	[dari mana pun]
de quelque part (on ne sait pas d'où)	**dari suatu tempat**	[dari suatu tempat]
premièrement (adv)	**pertama**	[pərtama]
deuxièmement (adv)	**kedua**	[kedua]
troisièmement (adv)	**ketiga**	[ketiga]
soudain (adv)	**tiba-tiba**	[tiba-tiba]
au début (adv)	**mula-mula**	[mula-mula]
pour la première fois	**untuk pertama kalinya**	[untuʔ pərtama kalinja]
bien avant …	**jauh sebelum …**	[dʒʲauh sebelum …]
de nouveau (adv)	**kembali**	[kembali]
pour toujours (adv)	**untuk selama-lamanya**	[untuʔ selama-lamanja]
jamais (adv)	**tidak pernah**	[tidaʔ pərnah]
de nouveau, encore (adv)	**lagi, kembali**	[lagi], [kembali]
maintenant (adv)	**sekarang**	[sekaraŋ]
souvent (adv)	**sering, seringkali**	[seriŋ], [seriŋkali]
alors (adv)	**ketika itu**	[ketika itu]
d'urgence (adv)	**segera**	[segera]
d'habitude (adv)	**biasanya**	[biasanja]
à propos, …	**ngomong-ngomong …**	[ŋomoŋ-ŋomoŋ …]
c'est possible	**mungkin**	[muŋkin]
probablement (adv)	**mungkin**	[muŋkin]
peut-être (adv)	**mungkin**	[muŋkin]
en plus, …	**selain itu …**	[selajn itu …]
c'est pourquoi …	**karena itu …**	[karena itu …]
malgré …	**meskipun …**	[meskipun …]
grâce à …	**berkat …**	[berkat …]
quoi (pron)	**apa**	[apa]
que (conj)	**bahwa**	[bahwa]
quelque chose (Il m'est arrivé ~)	**sesuatu**	[sesuatu]
quelque chose (peut-on faire ~)	**sesuatu**	[sesuatu]
rien (m)	**tidak sesuatu pun**	[tidaʔ sesuatu pun]
qui (pron)	**siapa**	[siapa]
quelqu'un (on ne sait pas qui)	**seseorang**	[seseoraŋ]

quelqu'un (n'importe qui)	seseorang	[seseoraŋ]
personne (pron)	tidak seorang pun	[tidaʔ seoraŋ pun]
nulle part (aller ~)	tidak ke mana pun	[tidaʔ ke mana pun]
de personne	tidak milik siapa pun	[tidaʔ miliʔ siapa pun]
de n'importe qui	milik seseorang	[miliʔ seseoraŋ]

comme ça (adv)	sangat	[saŋat]
également (adv)	juga	[dʒˡuga]
aussi (adv)	juga	[dʒˡuga]

6. Les mots-outils. Les adverbes. Partie 2

Pourquoi?	Mengapa?	[məŋapa?]
pour une certaine raison	entah mengapa	[entah məŋapa]
parce que …	karena …	[karena …]
pour une raison quelconque	untuk tujuan tertentu	[untuʔ tudʒˡuan tərtentu]

et (conj)	dan	[dan]
ou (conj)	atau	[atau]
mais (conj)	tetapi, namun	[tetapi], [namun]
pour … (prep)	untuk	[untuʔ]

trop (adv)	terlalu	[tərlalu]
seulement (adv)	hanya	[hanja]
précisément (adv)	tepat	[tepat]
près de … (prep)	sekitar	[sekitar]

approximativement	kira-kira	[kira-kira]
approximatif (adj)	kira-kira	[kira-kira]
presque (adv)	hampir	[hampir]
reste (m)	selebihnya, sisanya	[selebihnja], [sisanja]

l'autre (adj)	kedua	[kedua]
autre (adj)	lain	[lain]
chaque (adj)	setiap	[setiap]
n'importe quel (adj)	sebarang	[sebaraŋ]
beaucoup (adv)	banyak	[banjaʔ]
plusieurs (pron)	banyak orang	[banjaʔ oraŋ]
tous	semua	[semua]

en échange de …	sebagai ganti …	[sebagaj ganti …]
en échange (adv)	sebagai gantinya	[sebagaj gantinja]
à la main (adv)	dengan tangan	[deŋan taŋan]
peu probable (adj)	hampir tidak	[hampir tidaʔ]

probablement (adv)	mungkin	[muŋkin]
exprès (adv)	sengaja	[seŋadʒˡa]
par accident (adv)	tidak sengaja	[tidaʔ seŋadʒˡa]
très (adv)	sangat	[saŋat]

par exemple (adv)	misalnya	[misalnja]
entre (prep)	antara	[antara]
parmi (prep)	di antara	[di antara]
autant (adv)	banyak sekali	[banja' sekali]
surtout (adv)	terutama	[terutama]

BOOKS

T&P

NOMBRES. DIVERS

T&P Books Publishing

zéro	nol	[nol]
un	satu	[satu]
deux	dua	[dua]
trois	tiga	[tiga]
quatre	empat	[empat]

cinq	lima	[lima]
six	enam	[enam]
sept	tujuh	[tudʒʲuh]
huit	delapan	[delapan]
neuf	sembilan	[sembilan]

dix	sepuluh	[sepuluh]
onze	sebelas	[sebelas]
douze	dua belas	[dua belas]
treize	tiga belas	[tiga belas]
quatorze	empat belas	[empat belas]

quinze	lima belas	[lima belas]
seize	enam belas	[enam belas]
dix-sept	tujuh belas	[tudʒʲuh belas]
dix-huit	delapan belas	[delapan belas]
dix-neuf	sembilan belas	[sembilan belas]

vingt	dua puluh	[dua puluh]
vingt et un	dua puluh satu	[dua puluh satu]
vingt-deux	dua puluh dua	[dua puluh dua]
vingt-trois	dua puluh tiga	[dua puluh tiga]

trente	tiga puluh	[tiga puluh]
trente et un	tiga puluh satu	[tiga puluh satu]
trente-deux	tiga puluh dua	[tiga puluh dua]
trente-trois	tiga puluh tiga	[tiga puluh tiga]

quarante	empat puluh	[empat puluh]
quarante et un	empat puluh satu	[empat puluh satu]
quarante-deux	empat puluh dua	[empat puluh dua]
quarante-trois	empat puluh tiga	[empat puluh tiga]

cinquante	lima puluh	[lima puluh]
cinquante et un	lima puluh satu	[lima puluh satu]
cinquante-deux	lima puluh dua	[lima puluh dua]
cinquante-trois	lima puluh tiga	[lima puluh tiga]
soixante	enam puluh	[enam puluh]

soixante et un	enam puluh satu	[enam puluh satu]
soixante-deux	enam puluh dua	[enam puluh dua]
soixante-trois	enam puluh tiga	[enam puluh tiga]

soixante-dix	tujuh puluh	[tudʒɪuh puluh]
soixante et onze	tujuh puluh satu	[tudʒɪuh puluh satu]
soixante-douze	tujuh puluh dua	[tudʒɪuh puluh dua]
soixante-treize	tujuh puluh tiga	[tudʒɪuh puluh tiga]

quatre-vingts	delapan puluh	[delapan puluh]
quatre-vingt et un	delapan puluh satu	[delapan puluh satu]
quatre-vingt deux	delapan puluh dua	[delapan puluh dua]
quatre-vingt trois	delapan puluh tiga	[delapan puluh tiga]

quatre-vingt-dix	sembilan puluh	[sembilan puluh]
quatre-vingt et onze	sembulan puluh satu	[sembulan puluh satu]
quatre-vingt-douze	sembilan puluh dua	[sembilan puluh dua]
quatre-vingt-treize	sembilan puluh tiga	[sembilan puluh tiga]

8. Les nombres cardinaux. Partie 2

cent	seratus	[seratus]
deux cents	dua ratus	[dua ratus]
trois cents	tiga ratus	[tiga ratus]
quatre cents	empat ratus	[empat ratus]
cinq cents	lima ratus	[lima ratus]

six cents	enam ratus	[enam ratus]
sept cents	tujuh ratus	[tudʒɪuh ratus]
huit cents	delapan ratus	[delapan ratus]
neuf cents	sembilan ratus	[sembilan ratus]

mille	seribu	[seribu]
deux mille	dua ribu	[dua ribu]
trois mille	tiga ribu	[tiga ribu]
dix mille	sepuluh ribu	[sepuluh ribu]
cent mille	seratus ribu	[seratus ribu]
million (m)	juta	[dʒɪuta]
milliard (m)	miliar	[miliar]

9. Les nombres ordinaux

premier (adj)	pertama	[pərtama]
deuxième (adj)	kedua	[kedua]
troisième (adj)	ketiga	[ketiga]
quatrième (adj)	keempat	[keempat]
cinquième (adj)	kelima	[kelima]
sixième (adj)	keenam	[keenam]

septième (adj)	**ketujuh**	[ketudʒʲuh]
huitième (adj)	**kedelapan**	[kedelapan]
neuvième (adj)	**kesembilan**	[kesembilan]
dixième (adj)	**kesepuluh**	[kesepuluh]

LES COULEURS.
LES UNITÉS DE MESURE

T&P Books Publishing

10. Les couleurs

couleur (f)	**warna**	[warna]
teinte (f)	**nuansa**	[nuansa]
ton (m)	**warna**	[warna]
arc-en-ciel (m)	**pelangi**	[pelaŋi]
blanc (adj)	**putih**	[putih]
noir (adj)	**hitam**	[hitam]
gris (adj)	**kelabu**	[kelabu]
vert (adj)	**hijau**	[hidʒⁱau]
jaune (adj)	**kuning**	[kuniŋ]
rouge (adj)	**merah**	[merah]
bleu (adj)	**biru**	[biru]
bleu clair (adj)	**biru muda**	[biru muda]
rose (adj)	**pink**	[pinʔ]
orange (adj)	**oranye, jingga**	[oranje], [dʒiŋga]
violet (adj)	**violet, ungu muda**	[violet], [uŋu muda]
brun (adj)	**cokelat**	[tʃokelat]
d'or (adj)	**keemasan**	[keemasan]
argenté (adj)	**keperakan**	[keperakan]
beige (adj)	**abu-abu kecokelatan**	[abu-abu ketʃokelatan]
crème (adj)	**krem**	[krem]
turquoise (adj)	**pirus**	[pirus]
rouge cerise (adj)	**merah tua**	[merah tua]
lilas (adj)	**ungu**	[uŋu]
framboise (adj)	**merah lembayung**	[merah lembajuŋ]
clair (adj)	**terang**	[teraŋ]
foncé (adj)	**gelap**	[gelap]
vif (adj)	**terang**	[teraŋ]
de couleur (adj)	**berwarna**	[bərwarna]
en couleurs (adj)	**warna**	[warna]
noir et blanc (adj)	**hitam-putih**	[hitam-putih]
unicolore (adj)	**polos, satu warna**	[polos], [satu warna]
multicolore (adj)	**berwarna-warni**	[bərwarna-warni]

11. Les unités de mesure

poids (m)	**berat**	[berat]
longueur (f)	**panjang**	[pandʒⁱaŋ]

largeur (f)	lebar	[lebar]
hauteur (f)	ketinggian	[ketingian]
profondeur (f)	kedalaman	[kedalaman]
volume (m)	volume, isi	[volume], [isi]
aire (f)	luas	[luas]
gramme (m)	gram	[gram]
milligramme (m)	miligram	[miligram]
kilogramme (m)	kilogram	[kilogram]
tonne (f)	ton	[ton]
livre (f)	pon	[pon]
once (f)	ons	[ons]
mètre (m)	meter	[meter]
millimètre (m)	milimeter	[milimeter]
centimètre (m)	sentimeter	[sentimeter]
kilomètre (m)	kilometer	[kilometer]
mille (m)	mil	[mil]
pouce (m)	inci	[intʃi]
pied (m)	kaki	[kaki]
yard (m)	yard	[yard]
mètre (m) carré	meter persegi	[meter persegi]
hectare (m)	hektar	[hektar]
litre (m)	liter	[liter]
degré (m)	derajat	[deradʒ¡at]
volt (m)	volt	[volt]
ampère (m)	ampere	[ampere]
cheval-vapeur (m)	tenaga kuda	[tenaga kuda]
quantité (f)	kuantitas	[kuantitas]
un peu de ...	sedikit ...	[sedikit ...]
moitié (f)	setengah	[setenah]
douzaine (f)	lusin	[lusin]
pièce (f)	buah	[buah]
dimension (f)	ukuran	[ukuran]
échelle (f) (de la carte)	skala	[skala]
minimal (adj)	minimal	[minimal]
le plus petit (adj)	terkecil	[terketʃil]
moyen (adj)	sedang	[sedan]
maximal (adj)	maksimal	[maksimal]
le plus grand (adj)	terbesar	[terbesar]

12. Les récipients

bocal (m) en verre	gelas	[gelas]
boîte, canette (f)	kaleng	[kalen]

seau (m)	ember	[ember]
tonneau (m)	tong	[toŋ]
bassine, cuvette (f)	baskom	[baskom]
cuve (f)	tangki	[taŋki]
flasque (f)	pelples	[pelples]
jerrican (m)	jeriken	[dʒⁱeriken]
citerne (f)	tangki	[taŋki]
tasse (f), mug (m)	mangkuk	[maŋkuʔ]
tasse (f)	cangkir	[tʃaŋkir]
soucoupe (f)	alas cangkir	[alas tʃaŋkir]
verre (m) (~ d'eau)	gelas	[gelas]
verre (m) à vin	gelas anggur	[gelas aŋgur]
faitout (m)	panci	[pantʃi]
bouteille (f)	botol	[botol]
goulot (m)	leher	[leher]
carafe (f)	karaf	[karaf]
pichet (m)	kendi	[kendi]
récipient (m)	wadah	[wadah]
pot (m)	pot	[pot]
vase (m)	vas	[vas]
flacon (m)	botol	[botol]
fiole (f)	botol kecil	[botol ketʃil]
tube (m)	tabung	[tabuŋ]
sac (m) (grand ~)	karung	[karuŋ]
sac (m) (~ en plastique)	kantong	[kantoŋ]
paquet (m) (~ de cigarettes)	bungkus	[buŋkus]
boîte (f)	kotak, kardus	[kotak], [kardus]
caisse (f)	kotak	[kotaʔ]
panier (m)	bakul	[bakul]

T&P BOOKS

LES VERBES
LES PLUS IMPORTANTS

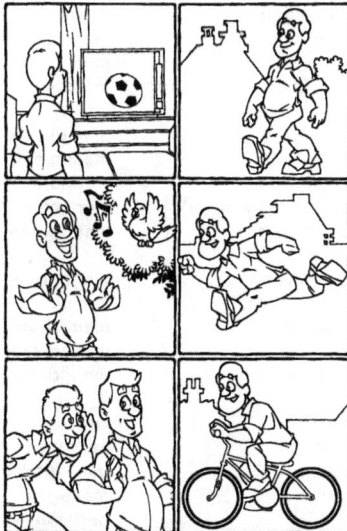

T&P Books Publishing

aider (vt)	membantu	[membantu]
aimer (qn)	mencintai	[məntʃintaj]
aller (à pied)	berjalan	[bərdʒ'alan]
apercevoir (vt)	memperhatikan	[memperhatikan]
appartenir à …	kepunyaan …	[kepunja'an …]
appeler (au secours)	memanggil	[memaŋgil]
attendre (vt)	menunggu	[mənuŋgu]
attraper (vt)	menangkap	[mənaŋkap]
avertir (vt)	memperingatkan	[memperiŋatkan]
avoir (vt)	mempunyai	[mempunjaj]
avoir confiance	mempercayai	[mempertʃajaj]
avoir faim	lapar	[lapar]
avoir peur	takut	[takut]
avoir soif	haus	[haus]
cacher (vt)	menyembunyikan	[mənjembunjikan]
casser (briser)	memecahkan	[memetʃahkan]
cesser (vt)	menghentikan	[məŋhentikan]
changer (vt)	mengubah	[məŋubah]
chasser (animaux)	berburu	[bərburu]
chercher (vt)	mencari …	[məntʃari …]
choisir (vt)	memilih	[memilih]
commander (~ le menu)	memesan	[memesan]
commencer (vt)	memulai, membuka	[memulaj], [membuka]
comparer (vt)	membandingkan	[membandiŋkan]
comprendre (vt)	mengerti	[məŋerti]
compter (dénombrer)	menghitung	[məŋhituŋ]
compter sur …	mengharapkan …	[məŋharapkan …]
confondre (vt)	bingung membedakan	[biŋuŋ membedakan]
connaître (qn)	kenal	[kenal]
conseiller (vt)	menasihati	[mənasihati]
continuer (vt)	meneruskan	[məneruskan]
contrôler (vt)	mengontrol	[məŋontrol]
courir (vi)	lari	[lari]
coûter (vt)	berharga	[bərharga]
créer (vt)	menciptakan	[məntʃiptakan]
creuser (vt)	menggali	[məŋgali]
crier (vi)	berteriak	[bərteria']

14. Les verbes les plus importants. Partie 2

décorer (~ la maison)	menghiasi	[məŋhiasi]
défendre (vt)	membela	[membela]
déjeuner (vi)	makan siang	[makan siaŋ]
demander (~ l'heure)	bertanya	[bərtanja]
demander (de faire qch)	meminta	[meminta]
descendre (vi)	turun	[turun]
deviner (vt)	menerka	[mənerka]
dîner (vi)	makan malam	[makan malam]
dire (vt)	berkata	[bərkata]
diriger (~ une usine)	memimpin	[memimpin]
discuter (vt)	membicarakan	[membitʃarakan]
donner (vt)	memberi	[memberi]
donner un indice	memberi petunjuk	[memberi petundʒiuʔ]
douter (vt)	ragu-ragu	[ragu-ragu]
écrire (vt)	menulis	[mənulis]
entendre (bruit, etc.)	mendengar	[məndeŋar]
entrer (vi)	masuk, memasuki	[masuk], [memasuki]
envoyer (vt)	mengirim	[məŋirim]
espérer (vi)	berharap	[bərharap]
essayer (vt)	mencoba	[məntʃoba]
être (~ fatigué)	sedang	[sedaŋ]
être (~ médecin)	ialah, adalah	[ialah], [adalah]
être d'accord	setuju	[setudʒiu]
être nécessaire	dibutuhkan	[dibutuhkan]
être pressé	tergesa-gesa	[tərgesa-gesa]
étudier (vt)	mempelajari	[mempeladʒiari]
excuser (vt)	memaafkan	[memaʔafkan]
exiger (vt)	menuntut	[mənuntut]
exister (vi)	ada	[ada]
expliquer (vt)	menjelaskan	[məndʒielaskan]
faire (vt)	membuat	[membuat]
faire tomber	tercecer	[tərtʃetʃer]
finir (vt)	mengakhiri	[məŋahiri]
garder (conserver)	menyimpan	[mənjimpan]
gronder, réprimander (vt)	memarahi, menegur	[memarahi], [menegur]
informer (vt)	menginformasikan	[məŋinformasikan]
insister (vi)	mendesak	[məndesaʔ]
insulter (vt)	menghina	[məŋhina]
inviter (vt)	mengundang	[məŋundaŋ]
jouer (s'amuser)	bermain	[bərmajn]

15. Les verbes les plus importants. Partie 3

libérer (ville, etc.)	**membebaskan**	[membebaskan]
lire (vi, vt)	**membaca**	[membatʃa]
louer (prendre en location)	**menyewa**	[mənjewa]
manquer (l'école)	**absen**	[absen]
menacer (vt)	**mengancam**	[mənantʃam]
mentionner (vt)	**menyebut**	[mənjebut]
montrer (vt)	**menunjukkan**	[mənundʒiuʔkan]
nager (vi)	**berenang**	[bərenaŋ]
objecter (vt)	**keberatan**	[keberatan]
observer (vt)	**mengamati**	[mənamati]
ordonner (mil.)	**memerintahkan**	[memerintahkan]
oublier (vt)	**melupakan**	[melupakan]
ouvrir (vt)	**membuka**	[membuka]
pardonner (vt)	**memaafkan**	[memaʔafkan]
parler (vi, vt)	**berbicara**	[bərbitʃara]
participer à …	**turut serta**	[turut serta]
payer (régler)	**membayar**	[membajar]
penser (vi, vt)	**berpikir**	[bərpikir]
permettre (vt)	**mengizinkan**	[mənizinkan]
plaire (être apprécié)	**suka**	[suka]
plaisanter (vi)	**bergurau**	[bərgurau]
planifier (vt)	**merencanakan**	[merentʃanakan]
pleurer (vi)	**menangis**	[mənaŋis]
posséder (vt)	**memiliki**	[memiliki]
pouvoir (v aux)	**bisa**	[bisa]
préférer (vt)	**lebih suka**	[lebih suka]
prendre (vt)	**mengambil**	[mənambil]
prendre en note	**mencatat**	[mentʃatat]
prendre le petit déjeuner	**sarapan**	[sarapan]
préparer (le dîner)	**memasak**	[memasaʔ]
prévoir (vt)	**menduga**	[mənduga]
prier (~ Dieu)	**bersembahyang, berdoa**	[bərsembahjaŋ], [bərdoa]
promettre (vt)	**berjanji**	[bərdʒiandʒi]
prononcer (vt)	**melafalkan**	[melafalkan]
proposer (vt)	**mengusulkan**	[mənusulkan]
punir (vt)	**menghukum**	[mənhukum]

16. Les verbes les plus importants. Partie 4

recommander (vt)	**merekomendasi**	[merekomendasi]
regretter (vt)	**menyesal**	[mənjesal]

répéter (dire encore)	**mengulangi**	[məŋulaŋi]
répondre (vi, vt)	**menjawab**	[məndʒʲawab]
réserver (une chambre)	**memesan**	[memesan]
rester silencieux	**diam**	[diam]
réunir (regrouper)	**menyatukan**	[mənjatukan]
rire (vi)	**tertawa**	[tərtawa]
s'arrêter (vp)	**berhenti**	[bərhenti]
s'asseoir (vp)	**duduk**	[dudu']
sauver (la vie à qn)	**menyelamatkan**	[mənjelamatkan]
savoir (qch)	**tahu**	[tahu]
se baigner (vp)	**berenang**	[bərenaŋ]
se plaindre (vp)	**mengeluh**	[məŋeluh]
se refuser (vp)	**menolak**	[mənola']
se tromper (vp)	**salah**	[salah]
se vanter (vp)	**membual**	[membual]
s'étonner (vp)	**heran**	[heran]
s'excuser (vp)	**meminta maaf**	[meminta ma'af]
signer (vt)	**menandatangani**	[mənandataŋani]
signifier (vt)	**berarti**	[bərarti]
s'intéresser (vp)	**menaruh minat pada …**	[mənaruh minat pada …]
sortir (aller dehors)	**keluar**	[keluar]
sourire (vi)	**tersenyum**	[tərsenyum]
sous-estimer (vt)	**meremehkan**	[meremehkan]
suivre … (suivez-moi)	**mengikuti …**	[məŋikuti …]
tirer (vi)	**menembak**	[mənemba']
tomber (vi)	**jatuh**	[dʒʲatuh]
toucher (avec les mains)	**menyentuh**	[mənjentuh]
tourner (~ à gauche)	**membelok**	[membelo']
traduire (vt)	**menerjemahkan**	[mənerdʒʲemahkan]
travailler (vi)	**bekerja**	[bekerdʒʲa]
tromper (vt)	**menipu**	[mənipu]
trouver (vt)	**menemukan**	[mənemukan]
tuer (vt)	**membunuh**	[membunuh]
vendre (vt)	**menjual**	[məndʒʲual]
venir (vi)	**datang**	[dataŋ]
voir (vt)	**melihat**	[melihat]
voler (avion, oiseau)	**terbang**	[tərbaŋ]
voler (qch à qn)	**mencuri**	[mənt͡ʃuri]
vouloir (vt)	**mau, ingin**	[mau], [iŋin]

LA NOTION DE TEMPS. LE CALENDRIER

T&P Books Publishing

17. Les jours de la semaine

lundi (m)	**Hari Senin**	[hari senin]
mardi (m)	**Hari Selasa**	[hari selasa]
mercredi (m)	**Hari Rabu**	[hari rabu]
jeudi (m)	**Hari Kamis**	[hari kamis]
vendredi (m)	**Hari Jumat**	[hari dʒʲumat]
samedi (m)	**Hari Sabtu**	[hari sabtu]
dimanche (m)	**Hari Minggu**	[hari miŋgu]
aujourd'hui (adv)	**hari ini**	[hari ini]
demain (adv)	**besok**	[besoʔ]
après-demain (adv)	**besok lusa**	[besoʔ lusa]
hier (adv)	**kemarin**	[kemarin]
avant-hier (adv)	**kemarin dulu**	[kemarin dulu]
jour (m)	**hari**	[hari]
jour (m) ouvrable	**hari kerja**	[hari kerdʒʲa]
jour (m) férié	**hari libur**	[hari libur]
jour (m) de repos	**hari libur**	[hari libur]
week-end (m)	**akhir pekan**	[ahir pekan]
toute la journée	**seharian**	[seharian]
le lendemain	**hari berikutnya**	[hari bərikutnja]
il y a 2 jours	**dua hari lalu**	[dua hari lalu]
la veille	**hari sebelumnya**	[hari sebelumnja]
quotidien (adj)	**harian**	[harian]
tous les jours	**tiap hari**	[tiap hari]
semaine (f)	**minggu**	[miŋgu]
la semaine dernière	**minggu lalu**	[miŋgu lalu]
la semaine prochaine	**minggu berikutnya**	[miŋgu bərikutnja]
hebdomadaire (adj)	**mingguan**	[miŋguan]
chaque semaine	**tiap minggu**	[tiap miŋgu]
2 fois par semaine	**dua kali seminggu**	[dua kali semiŋgu]
tous les mardis	**tiap Hari Selasa**	[tiap hari selasa]

18. Les heures. Le jour et la nuit

matin (m)	**pagi**	[pagi]
le matin	**pada pagi hari**	[pada pagi hari]
midi (m)	**tengah hari**	[teŋah hari]
dans l'après-midi	**pada sore hari**	[pada sore hari]
soir (m)	**sore, malam**	[sore], [malam]

le soir	**waktu sore**	[waktu sore]
nuit (f)	**malam**	[malam]
la nuit	**pada malam hari**	[pada malam hari]
minuit (f)	**tengah malam**	[teŋah malam]
seconde (f)	**detik**	[detiˀ]
minute (f)	**menit**	[menit]
heure (f)	**jam**	[ʤʲam]
demi-heure (f)	**setengah jam**	[seteŋah ʤʲam]
un quart d'heure	**seperempat jam**	[seperempat ʤʲam]
quinze minutes	**lima belas menit**	[lima belas menit]
vingt-quatre heures	**siang-malam**	[siaŋ-malam]
lever (m) du soleil	**matahari terbit**	[matahari tərbit]
aube (f)	**subuh**	[subuh]
point (m) du jour	**dini pagi**	[dini pagi]
coucher (m) du soleil	**matahari terbenam**	[matahari tərbenam]
tôt le matin	**pagi-pagi**	[pagi-pagi]
ce matin	**pagi ini**	[pagi ini]
demain matin	**besok pagi**	[besoˀ pagi]
cet après-midi	**sore ini**	[sore ini]
dans l'après-midi	**pada sore hari**	[pada sore hari]
demain après-midi	**besok sore**	[besoˀ sore]
ce soir	**sore ini**	[sore ini]
demain soir	**besok malam**	[besoˀ malam]
à 3 heures précises	**pukul 3 tepat**	[pukul tiga tepat]
autour de 4 heures	**sekitar pukul 4**	[sekitar pukul empat]
vers midi	**pada pukul 12**	[pada pukul belas]
dans 20 minutes	**dalam 20 menit**	[dalam dua puluh menit]
dans une heure	**dalam satu jam**	[dalam satu ʤʲam]
à temps	**tepat waktu**	[tepat waktu]
… moins le quart	**… kurang seperempat**	[… kuraŋ seperempat]
en une heure	**selama sejam**	[selama seʤʲam]
tous les quarts d'heure	**tiap 15 menit**	[tiap lima belas menit]
24 heures sur 24	**siang-malam**	[siaŋ-malam]

19. Les mois. Les saisons

janvier (m)	**Januari**	[ʤʲanuari]
février (m)	**Februari**	[februari]
mars (m)	**Maret**	[maret]
avril (m)	**April**	[april]
mai (m)	**Mei**	[mei]
juin (m)	**Juni**	[ʤʲuni]

juillet (m)	**Juli**	[dʒˈuli]
août (m)	**Augustus**	[augustus]
septembre (m)	**September**	[september]
octobre (m)	**Oktober**	[oktober]
novembre (m)	**November**	[november]
décembre (m)	**Desember**	[desember]
printemps (m)	**musim semi**	[musim semi]
au printemps	**pada musim semi**	[pada musim semi]
de printemps (adj)	**musim semi**	[musim semi]
été (m)	**musim panas**	[musim panas]
en été	**pada musim panas**	[pada musim panas]
d'été (adj)	**musim panas**	[musim panas]
automne (m)	**musim gugur**	[musim gugur]
en automne	**pada musim gugur**	[pada musim gugur]
d'automne (adj)	**musim gugur**	[musim gugur]
hiver (m)	**musim dingin**	[musim diŋin]
en hiver	**pada musim dingin**	[pada musim diŋin]
d'hiver (adj)	**musim dingin**	[musim diŋin]
mois (m)	**bulan**	[bulan]
ce mois	**bulan ini**	[bulan ini]
le mois prochain	**bulan depan**	[bulan depan]
le mois dernier	**bulan lalu**	[bulan lalu]
il y a un mois	**sebulan lalu**	[sebulan lalu]
dans un mois	**dalam satu bulan**	[dalam satu bulan]
dans 2 mois	**dalam 2 bulan**	[dalam dua bulan]
tout le mois	**sepanjang bulan**	[sepandʒˈaŋ bulan]
tout un mois	**sebulan penuh**	[sebulan penuh]
mensuel (adj)	**bulanan**	[bulanan]
mensuellement	**tiap bulan**	[tiap bulan]
chaque mois	**tiap bulan**	[tiap bulan]
2 fois par mois	**dua kali sebulan**	[dua kali sebulan]
année (f)	**tahun**	[tahun]
cette année	**tahun ini**	[tahun ini]
l'année prochaine	**tahun depan**	[tahun depan]
l'année dernière	**tahun lalu**	[tahun lalu]
il y a un an	**setahun lalu**	[setahun lalu]
dans un an	**dalam satu tahun**	[dalam satu tahun]
dans 2 ans	**dalam 2 tahun**	[dalam dua tahun]
toute l'année	**sepanjang tahun**	[sepandʒˈaŋ tahun]
toute une année	**setahun penuh**	[setahun penuh]
chaque année	**tiap tahun**	[tiap tahun]
annuel (adj)	**tahunan**	[tahunan]

| annuellement | **tiap tahun** | [tiap tahun] |
| 4 fois par an | **empat kali setahun** | [empat kali setahun] |

date (f) (jour du mois)	**tanggal**	[taŋgal]
date (f) (~ mémorable)	**tanggal**	[taŋgal]
calendrier (m)	**kalender**	[kalender]

six mois	**setengah tahun**	[seteɲah tahun]
semestre (m)	**enam bulan**	[enam bulan]
saison (f)	**musim**	[musim]
siècle (m)	**abad**	[abad]

LES VOYAGES. L'HÔTEL

USD CAD
EUR CHF
JPY HKD
GBP CNY

RECEPTION

T&P Books Publishing

20. Les voyages. Les excursions

tourisme (m)	**pariwisata**	[pariwisata]
touriste (m)	**turis, wisatawan**	[turis], [wisatawan]
voyage (m) (à l'étranger)	**pengembaraan**	[peɲembaraʔan]
aventure (f)	**petualangan**	[petualaŋan]
voyage (m)	**perjalanan, lawatan**	[pərdʒʲalanan], [lawatan]
vacances (f pl)	**liburan**	[liburan]
être en vacances	**berlibur**	[bərlibur]
repos (m) (jours de ~)	**istirahat**	[istirahat]
train (m)	**kereta api**	[kereta api]
en train	**naik kereta api**	[naiʔ kereta api]
avion (m)	**pesawat terbang**	[pesawat tərbaŋ]
en avion	**naik pesawat terbang**	[naiʔ pesawat tərbaŋ]
en voiture	**naik mobil**	[naiʔ mobil]
en bateau	**naik kapal**	[naiʔ kapal]
bagage (m)	**bagasi**	[bagasi]
malle (f)	**koper**	[koper]
chariot (m)	**troli bagasi**	[troli bagasi]
passeport (m)	**paspor**	[paspor]
visa (m)	**visa**	[visa]
ticket (m)	**tiket**	[tiket]
billet (m) d'avion	**tiket pesawat terbang**	[tiket pesawat tərbaŋ]
guide (m) (livre)	**buku pedoman**	[buku pedoman]
carte (f)	**peta**	[peta]
région (f) (~ rurale)	**kawasan**	[kawasan]
endroit (m)	**tempat**	[tempat]
exotisme (m)	**keeksotisan**	[keeksotisan]
exotique (adj)	**eksotis**	[eksotis]
étonnant (adj)	**menakjubkan**	[mənakdʒʲubkan]
groupe (m)	**kelompok**	[kelompoʔ]
excursion (f)	**ekskursi**	[ekskursi]
guide (m) (personne)	**pemandu wisata**	[pemandu wisata]

21. L'hôtel

hôtel (m), auberge (f)	**hotel**	[hotel]
motel (m)	**motel**	[motel]

3 étoiles	bintang tiga	[bintaŋ tiga]
5 étoiles	bintang lima	[bintaŋ lima]
descendre (à l'hôtel)	menginap	[məŋinap]
chambre (f)	kamar	[kamar]
chambre (f) simple	kamar tunggal	[kamar tuŋgal]
chambre (f) double	kamar ganda	[kamar ganda]
réserver une chambre	memesan kamar	[memesan kamar]
demi-pension (f)	sewa setengah	[sewa seteŋah]
pension (f) complète	sewa penuh	[sewa penuh]
avec une salle de bain	dengan kamar mandi	[deŋan kamar mandi]
avec une douche	dengan pancuran	[deŋan pantʃuran]
télévision (f) par satellite	televisi satelit	[televisi satelit]
climatiseur (m)	penyejuk udara	[penjedʒ'u' udara]
serviette (f)	handuk	[handu']
clé (f)	kunci	[kuntʃi]
administrateur (m)	administrator	[administrator]
femme (f) de chambre	pelayan kamar	[pelajan kamar]
porteur (m)	porter	[porter]
portier (m)	pramupintu	[pramupintu]
restaurant (m)	restoran	[restoran]
bar (m)	bar	[bar]
petit déjeuner (m)	makan pagi, sarapan	[makan pagi], [sarapan]
dîner (m)	makan malam	[makan malam]
buffet (m)	prasmanan	[prasmanan]
hall (m)	lobi	[lobi]
ascenseur (m)	elevator	[elevator]
PRIÈRE DE NE PAS DÉRANGER	JANGAN MENGGANGGU	[dʒ'aŋan məŋgaŋgu]
DÉFENSE DE FUMER	DILARANG MEROKOK!	[dilaraŋ meroko'!]

22. Le tourisme

monument (m)	monumen, patung	[monumen], [patuŋ]
forteresse (f)	benteng	[benteŋ]
palais (m)	istana	[istana]
château (m)	kastil	[kastil]
tour (f)	menara	[mənara]
mausolée (m)	mausoleum	[mausoleum]
architecture (f)	arsitektur	[arsitektur]
médiéval (adj)	abad pertengahan	[abad pərteŋahan]
ancien (adj)	kuno	[kuno]
national (adj)	nasional	[nasional]

connu (adj)	**terkenal**	[tərkenal]
touriste (m)	**turis, wisatawan**	[turis], [wisatawan]
guide (m) (personne)	**pemandu wisata**	[pemandu wisata]
excursion (f)	**ekskursi**	[ekskursi]
montrer (vt)	**menunjukkan**	[mənundʒʲuʔkan]
raconter (une histoire)	**menceritakan**	[məntʃeritakan]
trouver (vt)	**mendapatkan**	[məndapatkan]
se perdre (vp)	**tersesat**	[tərsesat]
plan (m) (du metro, etc.)	**denah**	[denah]
carte (f) (de la ville, etc.)	**peta**	[peta]
souvenir (m)	**suvenir**	[suvenir]
boutique (f) de souvenirs	**toko suvenir**	[toko suvenir]
prendre en photo	**memotret**	[memotret]
se faire prendre en photo	**berfoto**	[bərfoto]

T&P BOOKS

LES TRANSPORTS

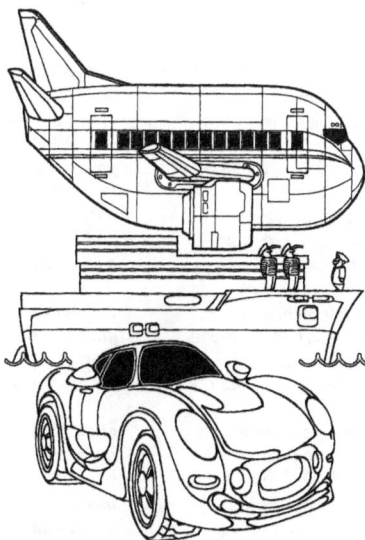

T&P Books Publishing

aéroport (m)	**bandara**	[bandara]
avion (m)	**pesawat terbang**	[pesawat tərbaŋ]
compagnie (f) aérienne	**maskapai penerbangan**	[maskapaj penerbaŋan]
contrôleur (m) aérien	**pengawas lalu lintas udara**	[peŋawas lalu lintas udara]
départ (m)	**keberangkatan**	[keberaŋkatan]
arrivée (f)	**kedatangan**	[kedataŋan]
arriver (par avion)	**datang**	[dataŋ]
temps (m) de départ	**waktu keberangkatan**	[waktu keberaŋkatan]
temps (m) d'arrivée	**waktu kedatangan**	[waktu kedataŋan]
être retardé	**terlambat**	[tərlambat]
retard (m) de l'avion	**penundaan penerbangan**	[penunda'an penerbaŋan]
tableau (m) d'informations	**papan informasi**	[papan informasi]
information (f)	**informasi**	[informasi]
annoncer (vt)	**mengumumkan**	[məŋumumkan]
vol (m)	**penerbangan**	[penerbaŋan]
douane (f)	**pabean**	[pabean]
douanier (m)	**petugas pabean**	[petugas pabean]
déclaration (f) de douane	**pernyataan pabean**	[pərnjata'an pabean]
remplir (vt)	**mengisi**	[məŋisi]
remplir la déclaration	**mengisi formulir bea cukai**	[məŋisi formulir bea tʃukaj]
contrôle (m) de passeport	**pemeriksaan paspor**	[pemeriksa'an paspor]
bagage (m)	**bagasi**	[bagasi]
bagage (m) à main	**jinjingan**	[dʒindʒiŋan]
chariot (m)	**troli bagasi**	[troli bagasi]
atterrissage (m)	**pendaratan**	[pendaratan]
piste (f) d'atterrissage	**jalur pendaratan**	[dʒˈalur pendaratan]
atterrir (vi)	**mendarat**	[məndarat]
escalier (m) d'avion	**tangga pesawat**	[taŋga pesawat]
enregistrement (m)	**check-in**	[tʃekin]
comptoir (m) d'enregistrement	**meja check-in**	[medʒˈa tʃekin]
s'enregistrer (vp)	**check-in**	[tʃekin]
carte (f) d'embarquement	**kartu pas**	[kartu pas]

porte (f) d'embarquement	gerbang keberangkatan	[gerbaŋ keberaŋkatan]
transit (m)	transit	[transit]
attendre (vt)	menunggu	[mənuŋgu]
salle (f) d'attente	ruang tunggu	[ruaŋ tuŋgu]
raccompagner	mengantar	[məŋantar]
(à l'aéroport, etc.)		
dire au revoir	berpamitan	[bərpamitan]

24. L'avion

avion (m)	pesawat terbang	[pesawat tərbaŋ]
billet (m) d'avion	tiket pesawat terbang	[tiket pesawat tərbaŋ]
compagnie (f) aérienne	maskapai penerbangan	[maskapaj penerbaŋan]
aéroport (m)	bandara	[bandara]
supersonique (adj)	supersonik	[supersoniˀ]

commandant (m) de bord	kapten	[kapten]
équipage (m)	awak	[awaˀ]
pilote (m)	pilot	[pilot]
hôtesse (f) de l'air	pramugari	[pramugari]
navigateur (m)	navigator, penavigasi	[navigator], [penavigasi]

ailes (f pl)	sayap	[sajap]
queue (f)	ekor	[ekor]
cabine (f)	kokpit	[kokpit]
moteur (m)	mesin	[mesin]
train (m) d'atterrissage	roda pendarat	[roda pendarat]
turbine (f)	turbin	[turbin]

hélice (f)	baling-baling	[baliŋ-baliŋ]
boîte (f) noire	kotak hitam	[kotaˀ hitam]
gouvernail (m)	kemudi	[kemudi]
carburant (m)	bahan bakar	[bahan bakar]

consigne (f) de sécurité	instruksi keselamatan	[instruksi keselamatan]
masque (m) à oxygène	masker oksigen	[masker oksigen]
uniforme (m)	seragam	[seragam]
gilet (m) de sauvetage	jaket pelampung	[dʒʲaket pelampuŋ]
parachute (m)	parasut	[parasut]

décollage (m)	lepas landas	[lepas landas]
décoller (vi)	bertolak	[bərtolaˀ]
piste (f) de décollage	jalur lepas landas	[dʒʲalur lepas landas]

visibilité (f)	visibilitas, pandangan	[visibilitas], [pandaŋan]
vol (m) (~ d'oiseau)	penerbangan	[penerbaŋan]
altitude (f)	ketinggian	[ketiŋgian]
trou (m) d'air	lubang udara	[lubaŋ udara]
place (f)	tempat duduk	[tempat duduˀ]
écouteurs (m pl)	headphone, fonkepala	[headphone], [fonkepala]

tablette (f)	meja lipat	[medʒʲa lipat]
hublot (m)	jendela pesawat	[dʒʲendela pesawat]
couloir (m)	lorong	[loroŋ]

25. Le train

train (m)	kereta api	[kereta api]
train (m) de banlieue	kereta api listrik	[kereta api listriʔ]
TGV (m)	kereta api cepat	[kereta api tʃepat]
locomotive (f) diesel	lokomotif diesel	[lokomotif disel]
locomotive (f) à vapeur	lokomotif uap	[lokomotif uap]

| wagon (m) | gerbong penumpang | [gerboŋ penumpaŋ] |
| wagon-restaurant (m) | gerbong makan | [gerboŋ makan] |

rails (m pl)	rel	[rel]
chemin (m) de fer	rel kereta api	[rel kereta api]
traverse (f)	bantalan rel	[bantalan rel]

quai (m)	platform	[platform]
voie (f)	jalur	[dʒʲalur]
sémaphore (m)	semafor	[semafor]
station (f)	stasiun	[stasiun]

conducteur (m) de train	masinis	[masinis]
porteur (m)	porter	[porter]
steward (m)	kondektur	[kondektur]
passager (m)	penumpang	[penumpaŋ]
contrôleur (m) de billets	kondektur	[kondektur]

| couloir (m) | koridor | [koridor] |
| frein (m) d'urgence | rem darurat | [rem darurat] |

compartiment (m)	kabin	[kabin]
couchette (f)	bangku	[baŋku]
couchette (f) d'en haut	bangku atas	[baŋku atas]
couchette (f) d'en bas	bangku bawah	[baŋku bawah]
linge (m) de lit	kain kasur	[kain kasur]

ticket (m)	tiket	[tiket]
horaire (m)	jadwal	[dʒʲadwal]
tableau (m) d'informations	layar informasi	[lajar informasi]

partir (vi)	berangkat	[beraŋkat]
départ (m) (du train)	keberangkatan	[keberaŋkatan]
arriver (le train)	datang	[dataŋ]
arrivée (f)	kedatangan	[kedataŋan]

| arriver en train | datang naik kereta api | [dataŋ najʔ kereta api] |
| prendre le train | naik ke kereta | [naiʔ ke kereta] |

descendre du train	turun dari kereta	[turun dari kereta]
accident (m) ferroviaire	kecelakaan kereta	[ketʃelaka'an kereta]
dérailler (vi)	keluar rel	[keluar rel]

locomotive (f) à vapeur	lokomotif uap	[lokomotif uap]
chauffeur (m)	juru api	[dʒˈuru api]
chauffe (f)	tungku	[tuŋku]
charbon (m)	batu bara	[batu bara]

26. Le bateau

| bateau (m) | kapal | [kapal] |
| navire (m) | kapal | [kapal] |

bateau (m) à vapeur	kapal uap	[kapal uap]
paquebot (m)	kapal api	[kapal api]
bateau (m) de croisière	kapal laut	[kapal laut]
croiseur (m)	kapal penjelajah	[kapal pendʒˈeladʒˈah]

yacht (m)	perahu pesiar	[pərahu pesiar]
remorqueur (m)	kapal tunda	[kapal tunda]
péniche (f)	tongkang	[toŋkaŋ]
ferry (m)	feri	[feri]

| voilier (m) | kapal layar | [kapal lajar] |
| brigantin (m) | kapal brigantin | [kapal brigantin] |

| brise-glace (m) | kapal pemecah es | [kapal pemetʃah es] |
| sous-marin (m) | kapal selam | [kapal selam] |

canot (m) à rames	perahu	[pərahu]
dinghy (m)	sekoci	[sekotʃi]
canot (m) de sauvetage	sekoci penyelamat	[sekotʃi penjelamat]
canot (m) à moteur	perahu motor	[pərahu motor]

capitaine (m)	kapten	[kapten]
matelot (m)	kelasi	[kelasi]
marin (m)	pelaut	[pelaut]
équipage (m)	awak	[awa']

maître (m) d'équipage	bosman, bosun	[bosman], [bosun]
mousse (m)	kadet laut	[kadet laut]
cuisinier (m) du bord	koki	[koki]
médecin (m) de bord	dokter kapal	[dokter kapal]

pont (m)	dek	[de']
mât (m)	tiang	[tiaŋ]
voile (f)	layar	[lajar]
cale (f)	lambung kapal	[lambuŋ kapal]
proue (f)	haluan	[haluan]

poupe (f)	buritan	[buritan]
rame (f)	dayung	[dajuŋ]
hélice (f)	baling-baling	[baliŋ-baliŋ]

cabine (f)	kabin	[kabin]
carré (m) des officiers	ruang rekreasi	[ruaŋ rekreasi]
salle (f) des machines	ruang mesin	[ruaŋ mesin]
passerelle (f)	anjungan kapal	[andʒʲuŋan kapal]
cabine (f) de T.S.F.	ruang radio	[ruaŋ radio]
onde (f)	gelombang radio	[gelombaŋ radio]
journal (m) de bord	buku harian kapal	[buku harian kapal]

longue-vue (f)	teropong	[təropoŋ]
cloche (f)	lonceng	[lontʃeŋ]
pavillon (m)	bendera	[bendera]

| grosse corde (f) tressée | tali | [tali] |
| nœud (m) marin | simpul | [simpul] |

| rampe (f) | pegangan | [pegaŋan] |
| passerelle (f) | tangga kapal | [taŋga kapal] |

ancre (f)	jangkar	[dʒʲaŋkar]
lever l'ancre	mengangkat jangkar	[məŋaŋkat dʒʲaŋkar]
jeter l'ancre	menjatuhkan jangkar	[məndʒʲatuhkan dʒʲaŋkar]
chaîne (f) d'ancrage	rantai jangkar	[rantaj dʒʲaŋkar]

port (m)	pelabuhan	[pelabuhan]
embarcadère (m)	dermaga	[dermaga]
accoster (vi)	merapat	[merapat]
larguer les amarres	bertolak	[bərtolaʔ]

voyage (m) (à l'étranger)	pengembaraan	[peŋembaraʔan]
croisière (f)	pesiar	[pesiar]
cap (m) (suivre un ~)	haluan	[haluan]
itinéraire (m)	rute	[rute]

| bas-fond (m) | beting | [betiŋ] |
| échouer sur un bas-fond | kandas | [kandas] |

tempête (f)	badai	[badaj]
signal (m)	sinyal	[sinjal]
sombrer (vi)	tenggelam	[teŋgelam]
Un homme à la mer!	Orang hanyut!	[oraŋ hanyut!]
SOS (m)	SOS	[es-o-es]
bouée (f) de sauvetage	pelampung penyelamat	[pelampuŋ penjelamat]

T&P BOOKS

LA VILLE

T&P Books Publishing

autobus (m)	**bus**	[bus]
tramway (m)	**trem**	[trem]
trolleybus (m)	**bus listrik**	[bus listriʔ]
itinéraire (m)	**trayek**	[traeʔ]
numéro (m)	**nomor**	[nomor]
prendre ...	**naik ...**	[naiʔ ...]
monter (dans l'autobus)	**naik**	[naiʔ]
descendre de ...	**turun ...**	[turun ...]
arrêt (m)	**halte, pemberhentian**	[halte], [pemberhentian]
arrêt (m) prochain	**halte berikutnya**	[halte bərikutnja]
terminus (m)	**halte terakhir**	[halte tərahir]
horaire (m)	**jadwal**	[dʒ¡adwal]
attendre (vt)	**menunggu**	[mənuŋgu]
ticket (m)	**tiket**	[tiket]
prix (m) du ticket	**harga karcis**	[harga kartʃis]
caissier (m)	**kasir**	[kasir]
contrôle (m) des tickets	**pemeriksaan tiket**	[pemeriksaʔan tiket]
contrôleur (m)	**kondektur**	[kondektur]
être en retard	**terlambat ...**	[tərlambat ...]
rater (~ le train)	**ketinggalan**	[ketiŋgalan]
se dépêcher	**tergesa-gesa**	[tərgesa-gesa]
taxi (m)	**taksi**	[taksi]
chauffeur (m) de taxi	**sopir taksi**	[sopir taksi]
en taxi	**naik taksi**	[naiʔ taksi]
arrêt (m) de taxi	**pangkalan taksi**	[paŋkalan taksi]
appeler un taxi	**memanggil taksi**	[memaŋgil taksi]
prendre un taxi	**menaiki taksi**	[mənajki taksi]
trafic (m)	**lalu lintas**	[lalu lintas]
embouteillage (m)	**kemacetan lalu lintas**	[kematʃetan lalu lintas]
heures (f pl) de pointe	**jam sibuk**	[dʒ¡am sibuʔ]
se garer (vp)	**parkir**	[parkir]
garer (vt)	**memarkir**	[memarkir]
parking (m)	**tempat parkir**	[tempat parkir]
métro (m)	**kereta api bawah tanah**	[kereta api bawah tanah]
station (f)	**stasiun**	[stasiun]
prendre le métro	**naik kereta api bawah tanah**	[naiʔ kereta api bawah tanah]

| train (m) | kereta api | [kereta api] |
| gare (f) | stasiun kereta api | [stasiun kereta api] |

28. La ville. La vie urbaine

ville (f)	kota	[kota]
capitale (f)	ibu kota	[ibu kota]
village (m)	desa	[desa]

plan (m) de la ville	peta kota	[peta kota]
centre-ville (m)	pusat kota	[pusat kota]
banlieue (f)	pinggir kota	[piŋgir kota]
de banlieue (adj)	pinggir kota	[piŋgir kota]

périphérie (f)	pinggir	[piŋgir]
alentours (m pl)	daerah sekitarnya	[daerah sekitarnja]
quartier (m)	blok	[bloʔ]
quartier (m) résidentiel	blok perumahan	[bloʔ pərumahan]

trafic (m)	lalu lintas	[lalu lintas]
feux (m pl) de circulation	lampu lalu lintas	[lampu lalu lintas]
transport (m) urbain	angkot	[aŋkot]
carrefour (m)	persimpangan	[pərsimpaŋan]

passage (m) piéton	penyeberangan	[penjeberaŋan]
passage (m) souterrain	terowongan penyeberangan	[tərowoŋan penjeberaŋan]
traverser (vt)	menyeberang	[mənjeberaŋ]
piéton (m)	pejalan kaki	[pedʒalan kaki]
trottoir (m)	trotoar	[trotoar]

pont (m)	jembatan	[dʒembatan]
quai (m)	tepi sungai	[tepi suŋaj]
fontaine (f)	air mancur	[air mantʃur]

allée (f)	jalan kecil	[dʒalan ketʃil]
parc (m)	taman	[taman]
boulevard (m)	bulevar, adimarga	[bulevar], [adimarga]
place (f)	lapangan	[lapaŋan]
avenue (f)	jalan raya	[dʒalan raja]
rue (f)	jalan	[dʒalan]
ruelle (f)	gang	[gaŋ]
impasse (f)	jalan buntu	[dʒalan buntu]

maison (f)	rumah	[rumah]
édifice (m)	gedung	[geduŋ]
gratte-ciel (m)	pencakar langit	[pentʃakar laŋit]

| façade (f) | bagian depan | [bagian depan] |
| toit (m) | atap | [atap] |

fenêtre (f)	jendela	[dʒʲendela]
arc (m)	lengkungan	[leŋkuŋan]
colonne (f)	pilar	[pilar]
coin (m)	sudut	[sudut]
vitrine (f)	etalase	[etalase]
enseigne (f)	papan nama	[papan nama]
affiche (f)	poster	[poster]
affiche (f) publicitaire	poster iklan	[poster iklan]
panneau-réclame (m)	papan iklan	[papan iklan]
ordures (f pl)	sampah	[sampah]
poubelle (f)	tong sampah	[toŋ sampah]
jeter à terre	menyampah	[mənjampah]
décharge (f)	tempat pemrosesan akhir (TPA)	[tempat pemrosesan ahir]
cabine (f) téléphonique	gardu telepon umum	[gardu telepon umum]
réverbère (m)	tiang lampu	[tiaŋ lampu]
banc (m)	bangku	[baŋku]
policier (m)	polisi	[polisi]
police (f)	polisi, kepolisian	[polisi], [kepolisian]
clochard (m)	pengemis	[peŋemis]
sans-abri (m)	tuna wisma	[tuna wisma]

29. Les institutions urbaines

magasin (m)	toko	[toko]
pharmacie (f)	apotek, toko obat	[apotek], [toko obat]
opticien (m)	optik	[optiʔ]
centre (m) commercial	toserba	[toserba]
supermarché (m)	pasar swalayan	[pasar swalajan]
boulangerie (f)	toko roti	[toko roti]
boulanger (m)	pembuat roti	[pembuat roti]
pâtisserie (f)	toko kue	[toko kue]
épicerie (f)	toko pangan	[toko paŋan]
boucherie (f)	toko daging	[toko dagiŋ]
magasin (m) de légumes	toko sayur	[toko sajur]
marché (m)	pasar	[pasar]
salon (m) de café	warung kopi	[waruŋ kopi]
restaurant (m)	restoran	[restoran]
brasserie (f)	kedai bir	[kedaj bir]
pizzeria (f)	kedai piza	[kedaj piza]
salon (m) de coiffure	salon rambut	[salon rambut]
poste (f)	kantor pos	[kantor pos]

pressing (m)	**penatu kimia**	[penatu kimia]
atelier (m) de photo	**studio foto**	[studio foto]
magasin (m) de chaussures	**toko sepatu**	[toko sepatu]
librairie (f)	**toko buku**	[toko buku]
magasin (m) d'articles de sport	**toko alat olahraga**	[toko alat olahraga]
atelier (m) de retouche	**reparasi pakaian**	[reparasi pakajan]
location (f) de vêtements	**rental pakaian**	[rental pakajan]
location (f) de films	**rental film**	[rental film]
cirque (m)	**sirkus**	[sirkus]
zoo (m)	**kebun binatang**	[kebun binataŋ]
cinéma (m)	**bioskop**	[bioskop]
musée (m)	**museum**	[museum]
bibliothèque (f)	**perpustakaan**	[pərpustaka'an]
théâtre (m)	**teater**	[teater]
opéra (m)	**opera**	[opera]
boîte (f) de nuit	**klub malam**	[klub malam]
casino (m)	**kasino**	[kasino]
mosquée (f)	**masjid**	[masdʒid]
synagogue (f)	**sinagoga, kanisah**	[sinagoga], [kanisah]
cathédrale (f)	**katedral**	[katedral]
temple (m)	**kuil, candi**	[kuil], [tʃandi]
église (f)	**gereja**	[geredʒʲa]
institut (m)	**institut, perguruan tinggi**	[institut], [pərguruan tiŋgi]
université (f)	**universitas**	[universitas]
école (f)	**sekolah**	[sekolah]
préfecture (f)	**prefektur, distrik**	[prefektur], [distri']
mairie (f)	**balai kota**	[balaj kota]
hôtel (m)	**hotel**	[hotel]
banque (f)	**bank**	[ban']
ambassade (f)	**kedutaan besar**	[keduta'an besar]
agence (f) de voyages	**kantor pariwisata**	[kantor pariwisata]
bureau (m) d'information	**kantor penerangan**	[kantor peneraŋan]
bureau (m) de change	**kantor penukaran uang**	[kantor penukaran uaŋ]
métro (m)	**kereta api bawah tanah**	[kereta api bawah tanah]
hôpital (m)	**rumah sakit**	[rumah sakit]
station-service (f)	**SPBU, stasiun bensin**	[es-pe-be-u], [stasjun bensin]
parking (m)	**tempat parkir**	[tempat parkir]

30. Les enseignes. Les panneaux

enseigne (f)	papan nama	[papan nama]
pancarte (f)	tulisan	[tulisan]
poster (m)	poster	[poster]
indicateur (m) de direction	penunjuk arah	[penundʒ'u' arah]
flèche (f)	anak panah	[ana' panah]
avertissement (m)	peringatan	[pəriŋatan]
panneau d'avertissement	tanda peringatan	[tanda pəriŋatan]
avertir (vt)	memperingatkan	[memperiŋatkan]
jour (m) de repos	hari libur	[hari libur]
horaire (m)	jadwal	[dʒ'adwal]
heures (f pl) d'ouverture	jam buka	[dʒ'am buka]
BIENVENUE!	SELAMAT DATANG!	[selamat dataŋ!]
ENTRÉE	MASUK	[masu']
SORTIE	KELUAR	[keluar]
POUSSER	DORONG	[doroŋ]
TIRER	TARIK	[tari']
OUVERT	BUKA	[buka]
FERMÉ	TUTUP	[tutup]
FEMMES	WANITA	[wanita]
HOMMES	PRIA	[pria]
RABAIS	DISKON	[diskon]
SOLDES	OBRAL	[obral]
NOUVEAU!	BARU!	[baru!]
GRATUIT	GRATIS	[gratis]
ATTENTION!	PERHATIAN!	[pərhatian!]
COMPLET	PENUH	[penuh]
RÉSERVÉ	DIRESERVASI	[direservasi]
ADMINISTRATION	ADMINISTRASI	[administrasi]
RÉSERVÉ AU PERSONNEL	KHUSUS STAF	[husus staf]
ATTENTION CHIEN MÉCHANT	AWAS, ANJING GALAK!	[awas], [andʒiŋ gala'!]
DÉFENSE DE FUMER	DILARANG MEROKOK!	[dilaraŋ meroko'!]
PRIÈRE DE NE PAS TOUCHER	JANGAN SENTUH!	[dʒ'aŋan sentuh!]
DANGEREUX	BERBAHAYA	[bərbahaja]
DANGER	BAHAYA	[bahaja]
HAUTE TENSION	TEGANGAN TINGGI	[tegaŋan tiŋgi]
BAIGNADE INTERDITE	DILARANG BERENANG!	[dilaraŋ bərenaŋ!]

HORS SERVICE	RUSAK	[rusaʔ]
INFLAMMABLE	BAHAN MUDAH TERBAKAR	[bahan mudah tərbakar]
INTERDIT	DILARANG	[dilaraŋ]
PASSAGE INTERDIT	DILARANG MASUK!	[dilaraŋ masuʔ!]
PEINTURE FRAÎCHE	AWAS CAT BASAH	[awas tʃat basah]

31. Le shopping

acheter (vt)	membeli	[membeli]
achat (m)	belanjaan	[belandʒʲaʔan]
faire des achats	berbelanja	[bərbelandʒʲa]
shopping (m)	berbelanja	[bərbelandʒʲa]

| être ouvert | buka | [buka] |
| être fermé | tutup | [tutup] |

chaussures (f pl)	sepatu	[sepatu]
vêtement (m)	pakaian	[pakajan]
produits (m pl) de beauté	kosmetik	[kosmetiʔ]
produits (m pl) alimentaires	produk makanan	[produʔ makanan]
cadeau (m)	hadiah	[hadiah]

| vendeur (m) | pramuniaga | [pramuniaga] |
| vendeuse (f) | pramuniaga perempuan | [pramuniaga pərempuan] |

caisse (f)	kas	[kas]
miroir (m)	cermin	[tʃermin]
comptoir (m)	konter	[konter]
cabine (f) d'essayage	kamar pas	[kamar pas]

essayer (robe, etc.)	mengepas	[məŋepas]
aller bien (robe, etc.)	pas, cocok	[pas], [tʃotʃoʔ]
plaire (être apprécié)	suka	[suka]

prix (m)	harga	[harga]
étiquette (f) de prix	label harga	[label harga]
coûter (vt)	berharga	[bərharga]
Combien?	Berapa?	[bərapa?]
rabais (m)	diskon	[diskon]

pas cher (adj)	tidak mahal	[tidaʔ mahal]
bon marché (adj)	murah	[murah]
cher (adj)	mahal	[mahal]
C'est cher	Ini mahal	[ini mahal]

location (f)	rental, persewaan	[rental], [pərsewaʔan]
louer (une voiture, etc.)	menyewa	[mənjewa]
crédit (m)	kredit	[kredit]
à crédit (adv)	secara kredit	[setʃara kredit]

LES VÊTEMENTS &
LES ACCESSOIRES

T&P Books Publishing

32. Les vêtements d'extérieur

vêtement (m)	**pakaian**	[pakajan]
survêtement (m)	**pakaian luar**	[pakajan luar]
vêtement (m) d'hiver	**pakaian musim dingin**	[pakajan musim diŋin]
manteau (m)	**mantel**	[mantel]
manteau (m) de fourrure	**mantel bulu**	[mantel bulu]
veste (f) de fourrure	**jaket bulu**	[dʒˡaket bulu]
manteau (m) de duvet	**jaket bulu halus**	[dʒˡaket bulu halus]
veste (f) (~ en cuir)	**jaket**	[dʒˡaket]
imperméable (m)	**jas hujan**	[dʒˡas hudʒˡan]
imperméable (adj)	**kedap air**	[kedap air]

33. Les vêtements

chemise (f)	**kemeja**	[kemedʒˡa]
pantalon (m)	**celana**	[ʧelana]
jean (m)	**celana jins**	[ʧelana dʒins]
veston (m)	**jas**	[dʒˡas]
complet (m)	**setelan**	[setelan]
robe (f)	**gaun**	[gaun]
jupe (f)	**rok**	[roʔ]
chemisette (f)	**blus**	[blus]
veste (f) en laine	**jaket wol**	[dʒˡaket wol]
jaquette (f), blazer (m)	**jaket**	[dʒˡaket]
tee-shirt (m)	**baju kaus**	[badʒˡu kaus]
short (m)	**celana pendek**	[ʧelana pendeʔ]
costume (m) de sport	**pakaian olahraga**	[pakajan olahraga]
peignoir (m) de bain	**jubah mandi**	[dʒˡubah mandi]
pyjama (m)	**piyama**	[piyama]
chandail (m)	**sweter**	[sweter]
pull-over (m)	**pulover**	[pulover]
gilet (m)	**rompi**	[rompi]
queue-de-pie (f)	**jas berbuntut**	[dʒˡas bərbuntut]
smoking (m)	**jas malam**	[dʒˡas malam]
uniforme (m)	**seragam**	[seragam]
tenue (f) de travail	**pakaian kerja**	[pakajan kerdʒˡa]

| salopette (f) | baju monyet | [badʒʲu monjet] |
| blouse (f) (d'un médecin) | jas | [dʒʲas] |

34. Les sous-vêtements

sous-vêtements (m pl)	pakaian dalam	[pakajan dalam]
boxer (m)	celana dalam lelaki	[tʃelana dalam lelaki]
slip (m) de femme	celana dalam wanita	[tʃelana dalam wanita]
maillot (m) de corps	singlet	[siŋlet]
chaussettes (f pl)	kaus kaki	[kaus kaki]

chemise (f) de nuit	baju tidur	[badʒʲu tidur]
soutien-gorge (m)	beha	[beha]
chaussettes (f pl) hautes	kaus kaki selutut	[kaus kaki selutut]
collants (m pl)	pantihos	[pantihos]
bas (m pl)	kaus kaki panjang	[kaus kaki pandʒʲaŋ]
maillot (m) de bain	baju renang	[badʒʲu renaŋ]

35. Les chapeaux

chapeau (m)	topi	[topi]
chapeau (m) feutre	topi bulat	[topi bulat]
casquette (f) de base-ball	topi bisbol	[topi bisbol]
casquette (f)	topi pet	[topi pet]

béret (m)	baret	[baret]
capuche (f)	kerudung kepala	[keruduŋ kepala]
panama (m)	topi panama	[topi panama]
bonnet (m) de laine	topi rajut	[topi radʒʲut]

| foulard (m) | tudung kepala | [tuduŋ kepala] |
| chapeau (m) de femme | topi wanita | [topi wanita] |

casque (m) (d'ouvriers)	topi baja	[topi badʒʲa]
calot (m)	topi lipat	[topi lipat]
casque (m) (~ de moto)	helm	[helm]

| melon (m) | topi bulat | [topi bulat] |
| haut-de-forme (m) | topi tinggi | [topi tiŋgi] |

36. Les chaussures

chaussures (f pl)	sepatu	[sepatu]
bottines (f pl)	sepatu bot	[sepatu bot]
souliers (m pl) (~ plats)	sepatu wanita	[sepatu wanita]
bottes (f pl)	sepatu lars	[sepatu lars]

chaussons (m pl)	pantofel	[pantofel]
tennis (m pl)	sepatu tenis	[sepatu tenis]
baskets (f pl)	sepatu kets	[sepatu kets]
sandales (f pl)	sandal	[sandal]

cordonnier (m)	tukang sepatu	[tukaŋ sepatu]
talon (m)	tumit	[tumit]
paire (f)	sepasang	[sepasaŋ]

lacet (m)	tali sepatu	[tali sepatu]
lacer (vt)	mengikat tali	[məŋikat tali]
chausse-pied (m)	sendok sepatu	[sendoʔ sepatu]
cirage (m)	semir sepatu	[semir sepatu]

37. Les accessoires personnels

gants (m pl)	sarung tangan	[saruŋ taŋan]
moufles (f pl)	sarung tangan	[saruŋ taŋan]
écharpe (f)	selendang	[selendaŋ]

lunettes (f pl)	kacamata	[katʃamata]
monture (f)	bingkai	[biŋkaj]
parapluie (m)	payung	[pajuŋ]
canne (f)	tongkat jalan	[toŋkat dʒ'alan]
brosse (f) à cheveux	sikat rambut	[sikat rambut]
éventail (m)	kipas	[kipas]

cravate (f)	dasi	[dasi]
nœud papillon (m)	dasi kupu-kupu	[dasi kupu-kupu]
bretelles (f pl)	bretel	[bretel]
mouchoir (m)	sapu tangan	[sapu taŋan]

peigne (m)	sisir	[sisir]
barrette (f)	jepit rambut	[dʒ'epit rambut]
épingle (f) à cheveux	harnal	[harnal]
boucle (f)	gesper	[gesper]

| ceinture (f) | sabuk | [sabuʔ] |
| bandoulière (f) | tali tas | [tali tas] |

sac (m)	tas	[tas]
sac (m) à main	tas tangan	[tas taŋan]
sac (m) à dos	ransel	[ransel]

38. Les vêtements. Divers

| mode (f) | mode | [mode] |
| à la mode (adj) | modis | [modis] |

couturier, créateur de mode	perancang busana	[pərantʃaŋ busana]
col (m)	kerah	[kerah]
poche (f)	saku	[saku]
de poche (adj)	saku	[saku]
manche (f)	lengan	[leŋan]
bride (f)	tali kait	[tali kait]
braguette (f)	golbi	[golbi]
fermeture (f) à glissière	ritsleting	[ritsletiŋ]
agrafe (f)	kancing	[kantʃiŋ]
bouton (m)	kancing	[kantʃiŋ]
boutonnière (f)	lubang kancing	[lubaŋ kantʃiŋ]
s'arracher (bouton)	terlepas	[tərlepas]
coudre (vi, vt)	menjahit	[mənd͡ʒˈahit]
broder (vt)	membordir	[membordir]
broderie (f)	bordiran	[bordiran]
aiguille (f)	jarum	[d͡ʒˈarum]
fil (m)	benang	[benaŋ]
couture (f)	setik	[setiʔ]
se salir (vp)	kena kotor	[kena kotor]
tache (f)	bercak	[bertʃaʔ]
se froisser (vp)	kumal	[kumal]
déchirer (vt)	merobek	[merobeʔ]
mite (f)	ngengat	[ŋeŋat]

39. L'hygiène corporelle. Les cosmétiques

dentifrice (m)	pasta gigi	[pasta gigi]
brosse (f) à dents	sikat gigi	[sikat gigi]
se brosser les dents	menggosok gigi	[məŋgosoʔ gigi]
rasoir (m)	pisau cukur	[pisau tʃukur]
crème (f) à raser	krim cukur	[krim tʃukur]
se raser (vp)	bercukur	[bərtʃukur]
savon (m)	sabun	[sabun]
shampooing (m)	sampo	[sampo]
ciseaux (m pl)	gunting	[guntiŋ]
lime (f) à ongles	kikir kuku	[kikir kuku]
pinces (f pl) à ongles	pemotong kuku	[pemotoŋ kuku]
pince (f) à épiler	pinset	[pinset]
produits (m pl) de beauté	kosmetik	[kosmetiʔ]
masque (m) de beauté	masker	[masker]
manucure (f)	manikur	[manikur]
se faire les ongles	melakukan manikur	[melakukan manikur]

pédicurie (f)	pedi	[pedi]
trousse (f) de toilette	tas kosmetik	[tas kosmeti']
poudre (f)	bedak	[beda']
poudrier (m)	kotak bedak	[kota' beda']
fard (m) à joues	perona pipi	[pərona pipi]

parfum (m)	parfum	[parfum]
eau (f) de toilette	minyak wangi	[minja' waŋi]
lotion (f)	losion	[losjon]
eau de Cologne (f)	kolonye	[kolone]

fard (m) à paupières	pewarna mata	[pewarna mata]
crayon (m) à paupières	pensil alis	[pensil alis]
mascara (m)	celak	[ʧela']

rouge (m) à lèvres	lipstik	[lipsti']
vernis (m) à ongles	kuteks, cat kuku	[kuteks], [ʧat kuku]
laque (f) pour les cheveux	semprotan rambut	[semprotan rambut]
déodorant (m)	deodoran	[deodoran]

crème (f)	krim	[krim]
crème (f) pour le visage	krim wajah	[krim wadʒʲah]
crème (f) pour les mains	krim tangan	[krim taŋan]
crème (f) anti-rides	krim antikerut	[krim antikerut]
crème (f) de jour	krim siang	[krim siaŋ]
crème (f) de nuit	krim malam	[krim malam]
de jour (adj)	siang	[siaŋ]
de nuit (adj)	malam	[malam]

tampon (m)	tampon	[tampon]
papier (m) de toilette	kertas toilet	[kertas toylet]
sèche-cheveux (m)	pengering rambut	[peŋeriŋ rambut]

40. Les montres. Les horloges

montre (f)	arloji	[arloʤi]
cadran (m)	piringan jam	[piriŋan dʒʲam]
aiguille (f)	jarum	[dʒʲarum]
bracelet (m)	rantai arloji	[rantaj arloʤi]
bracelet (m) (en cuir)	tali arloji	[tali arloʤi]

pile (f)	baterai	[bateraj]
être déchargé	mati	[mati]
changer de pile	mengganti baterai	[məŋganti bateraj]
avancer (vi)	cepat	[ʧepat]
retarder (vi)	terlambat	[tərlambat]

pendule (f)	jam dinding	[dʒʲam dindiŋ]
sablier (m)	jam pasir	[dʒʲam pasir]
cadran (m) solaire	jam matahari	[dʒʲam matahari]

réveil (m)	**weker**	[weker]
horloger (m)	**tukang jam**	[tukaŋ dʒɪam]
réparer (vt)	**mereparasi, memperbaiki**	[mereparasi], [memperbajki]

T&P BOOKS

L'EXPÉRIENCE QUOTIDIENNE

T&P Books Publishing

41. L'argent

argent (m)	**uang**	[uaŋ]
échange (m)	**pertukaran mata uang**	[pərtukaran mata uaŋ]
cours (m) de change	**nilai tukar**	[nilaj tukar]
distributeur (m)	**Anjungan Tunai Mandiri, ATM**	[andʒ|uŋan tunaj mandiri], [a-te-em]
monnaie (f)	**koin**	[koin]
dollar (m)	**dolar**	[dolar]
euro (m)	**euro**	[euro]
lire (f)	**lira**	[lira]
mark (m) allemand	**Mark Jerman**	[marʔ dʒ|erman]
franc (m)	**franc**	[frantʃ]
livre sterling (f)	**poundsterling**	[paundsterliŋ]
yen (m)	**yen**	[yen]
dette (f)	**utang**	[utaŋ]
débiteur (m)	**pengutang**	[peŋutaŋ]
prêter (vt)	**meminjamkan**	[memindʒ|amkan]
emprunter (vt)	**meminjam**	[memindʒ|am]
banque (f)	**bank**	[banʔ]
compte (m)	**rekening**	[rekeniŋ]
verser (dans le compte)	**memasukkan**	[memasuʔkan]
verser dans le compte	**memasukkan ke rekening**	[memasuʔkan ke rekeniŋ]
retirer du compte	**menarik uang**	[mənariʔ uaŋ]
carte (f) de crédit	**kartu kredit**	[kartu kredit]
espèces (f pl)	**uang kontan, uang tunai**	[uaŋ kontan], [uaŋ tunaj]
chèque (m)	**cek**	[tʃeʔ]
faire un chèque	**menulis cek**	[mənulis tʃeʔ]
chéquier (m)	**buku cek**	[buku tʃeʔ]
portefeuille (m)	**dompet**	[dompet]
bourse (f)	**dompet, pundi-pundi**	[dompet], [pundi-pundi]
coffre fort (m)	**brankas**	[brankas]
héritier (m)	**pewaris**	[pewaris]
héritage (m)	**warisan**	[warisan]
fortune (f)	**kekayaan**	[kekajaʔan]
location (f)	**sewa**	[sewa]
loyer (m) (argent)	**uang sewa**	[uaŋ sewa]

louer (prendre en location)	menyewa	[mənjewa]
prix (m)	harga	[harga]
coût (m)	harga	[harga]
somme (f)	jumlah	[dʒʲumlah]

dépenser (vt)	menghabiskan	[məŋhabiskan]
dépenses (f pl)	ongkos	[oŋkos]
économiser (vt)	menghemat	[məŋhemat]
économe (adj)	hemat	[hemat]

payer (régler)	membayar	[membajar]
paiement (m)	pembayaran	[pembajaran]
monnaie (f) (rendre la ~)	kembalian	[kembalian]

impôt (m)	pajak	[padʒʲaʔ]
amende (f)	denda	[denda]
mettre une amende	mendenda	[məndenda]

42. La poste. Les services postaux

poste (f)	kantor pos	[kantor pos]
courrier (m) (lettres, etc.)	surat	[surat]
facteur (m)	tukang pos	[tukaŋ pos]
heures (f pl) d'ouverture	jam buka	[dʒʲam buka]

lettre (f)	surat	[surat]
recommandé (m)	surat tercatat	[surat tərtʃatat]
carte (f) postale	kartu pos	[kartu pos]
télégramme (m)	telegram	[telegram]
colis (m)	parsel, paket pos	[parsel], [paket pos]
mandat (m) postal	wesel pos	[wesel pos]

recevoir (vt)	menerima	[mənerima]
envoyer (vt)	mengirim	[məɲirim]
envoi (m)	pengiriman	[peɲiriman]

adresse (f)	alamat	[alamat]
code (m) postal	kode pos	[kode pos]
expéditeur (m)	pengirim	[peɲirim]
destinataire (m)	penerima	[penerima]

| prénom (m) | nama | [nama] |
| nom (m) de famille | nama keluarga | [nama keluarga] |

tarif (m)	tarif	[tarif]
normal (adj)	biasa, standar	[biasa], [standar]
économique (adj)	ekonomis	[ekonomis]

| poids (m) | berat | [berat] |
| peser (~ les lettres) | menimbang | [mənimbaŋ] |

enveloppe (f)	amplop	[amplop]
timbre (m)	prangko	[praŋko]
timbrer (vt)	menempelkan prangko	[mənempelkan praŋko]

43. Les opérations bancaires

| banque (f) | bank | [banʔ] |
| agence (f) bancaire | cabang | [tʃabaŋ] |

| conseiller (m) | konsultan | [konsultan] |
| gérant (m) | manajer | [manadʒʲer] |

compte (m)	rekening	[rekeniŋ]
numéro (m) du compte	nomor rekening	[nomor rekeniŋ]
compte (m) courant	rekening koran	[rekeniŋ koran]
compte (m) sur livret	rekening simpanan	[rekeniŋ simpanan]

ouvrir un compte	membuka rekening	[membuka rekeniŋ]
clôturer le compte	menutup rekening	[mənutup rekeniŋ]
verser dans le compte	memasukkan ke rekening	[memasuʔkan ke rekeniŋ]
retirer du compte	menarik uang	[mənariʔ uaŋ]

dépôt (m)	deposito	[deposito]
faire un dépôt	melakukan setoran	[melakukan setoran]
virement (m) bancaire	transfer kawat	[transfer kawat]
faire un transfert	mentransfer	[məntransfer]

| somme (f) | jumlah | [dʒʲumlah] |
| Combien? | Berapa? | [bərapa?] |

| signature (f) | tanda tangan | [tanda taŋan] |
| signer (vt) | menandatangani | [mənandataŋani] |

carte (f) de crédit	kartu kredit	[kartu kredit]
code (m)	kode	[kode]
numéro (m) de carte de crédit	nomor kartu kredit	[nomor kartu kredit]
distributeur (m)	Anjungan Tunai Mandiri, ATM	[andʒʲuŋan tunaj mandiri], [a-te-em]

chèque (m)	cek	[tʃeʔ]
faire un chèque	menulis cek	[mənulis tʃeʔ]
chéquier (m)	buku cek	[buku tʃeʔ]

crédit (m)	kredit, pinjaman	[kredit], [pindʒʲaman]
demander un crédit	meminta kredit	[meminta kredit]
prendre un crédit	mendapatkan kredit	[məndapatkan kredit]
accorder un crédit	memberikan kredit	[memberikan kredit]
gage (m)	jaminan	[dʒʲaminan]

44. Le téléphone. La conversation téléphonique

téléphone (m)	telepon	[telepon]
portable (m)	ponsel	[ponsel]
répondeur (m)	mesin penjawab panggilan	[mesin pendʒ'awab paŋgilan]
téléphoner, appeler	menelepon	[mənelepon]
appel (m)	panggilan telepon	[paŋgilan telepon]
composer le numéro	memutar nomor telepon	[memutar nomor telepon]
Allô!	Halo!	[halo!]
demander (~ l'heure)	bertanya	[bərtanja]
répondre (vi, vt)	menjawab	[mənaʒ'awab]
entendre (bruit, etc.)	mendengar	[məndeŋar]
bien (adv)	baik	[baj']
mal (adv)	buruk, jelek	[buruk], [dʒ'ele']
bruits (m pl)	bising, gangguan	[bisiŋ], [gaŋguan]
récepteur (m)	gagang	[gagaŋ]
décrocher (vt)	mengangkat telepon	[məŋaŋkat telepon]
raccrocher (vi)	menutup telepon	[mənutup telepon]
occupé (adj)	sibuk	[sibu']
sonner (vi)	berdering	[bərderiŋ]
carnet (m) de téléphone	buku telepon	[buku telepon]
local (adj)	lokal	[lokal]
appel (m) local	panggilan lokal	[paŋgilan lokal]
interurbain (adj)	interlokal	[interlokal]
appel (m) interurbain	panggilan interlokal	[paŋgilan interlokal]
international (adj)	internasional	[internasional]
appel (m) international	panggilan internasional	[paŋgilan internasional]

45. Le téléphone portable

portable (m)	ponsel	[ponsel]
écran (m)	layar	[lajar]
bouton (m)	kenop	[kenop]
carte SIM (f)	kartu SIM	[kartu sim]
pile (f)	baterai	[bateraj]
être déchargé	mati	[mati]
chargeur (m)	pengisi baterai, pengecas	[peŋisi bateraj], [peŋetʃas]
menu (m)	menu	[menu]
réglages (m pl)	penyetelan	[penjetelan]

mélodie (f)	**nada panggil**	[nada paŋgil]
sélectionner (vt)	**memilih**	[memilih]
calculatrice (f)	**kalkulator**	[kalkulator]
répondeur (m)	**penjawab telepon**	[penʤawab telepon]
réveil (m)	**weker**	[weker]
contacts (m pl)	**buku telepon**	[buku telepon]
SMS (m)	**pesan singkat**	[pesan siŋkat]
abonné (m)	**pelanggan**	[pelaŋgan]

46. La papeterie

stylo (m) à bille	**bolpen**	[bolpen]
stylo (m) à plume	**pena celup**	[pena tʃelup]
crayon (m)	**pensil**	[pensil]
marqueur (m)	**spidol**	[spidol]
feutre (m)	**spidol**	[spidol]
bloc-notes (m)	**buku catatan**	[buku tʃatatan]
agenda (m)	**agenda**	[agenda]
règle (f)	**mistar, penggaris**	[mistar], [peŋgaris]
calculatrice (f)	**kalkulator**	[kalkulator]
gomme (f)	**karet penghapus**	[karet peŋhapus]
punaise (f)	**paku payung**	[paku pajuŋ]
trombone (m)	**penjepit kertas**	[penʤepit kertas]
colle (f)	**lem**	[lem]
agrafeuse (f)	**stapler**	[stapler]
perforateur (m)	**alat pelubang kertas**	[alat pelubaŋ kertas]
taille-crayon (m)	**rautan pensil**	[rautan pensil]

47. Les langues étrangères

langue (f)	**bahasa**	[bahasa]
étranger (adj)	**asing**	[asiŋ]
langue (f) étrangère	**bahasa asing**	[bahasa asiŋ]
étudier (vt)	**mempelajari**	[mempelaʤari]
apprendre (~ l'arabe)	**belajar**	[belaʤar]
lire (vi, vt)	**membaca**	[membatʃa]
parler (vi, vt)	**berbicara**	[berbitʃara]
comprendre (vt)	**mengerti**	[meŋerti]
écrire (vt)	**menulis**	[menulis]
vite (adv)	**cepat, fasih**	[tʃepat], [fasih]
lentement (adv)	**perlahan-lahan**	[perlahan-lahan]

couramment (adv)	fasih	[fasih]
règles (f pl)	peraturan	[pəraturan]
grammaire (f)	tatabahasa	[tatabahasa]
vocabulaire (m)	kosakata	[kosakata]
phonétique (f)	fonetik	[foneti']
manuel (m)	buku pelajaran	[buku peladʒ'aran]
dictionnaire (m)	kamus	[kamus]
manuel (m) autodidacte	buku autodidak	[buku autodida']
guide (m) de conversation	panduan percakapan	[panduan pərtʃakapan]
cassette (f)	kaset	[kaset]
cassette (f) vidéo	kaset video	[kaset video]
CD (m)	cakram kompak	[tʃakram kompa']
DVD (m)	cakram DVD	[tʃakram di-vi-di]
alphabet (m)	alfabet, abjad	[alfabet], [abdʒ'ad]
épeler (vt)	mengeja	[məŋedʒ'a]
prononciation (f)	pelafalan	[pelafalan]
accent (m)	aksen	[aksen]
avec un accent	dengan aksen	[deŋan aksen]
sans accent	tanpa aksen	[tanpa aksen]
mot (m)	kata	[kata]
sens (m)	arti	[arti]
cours (m pl)	kursus	[kursus]
s'inscrire (vp)	Mendaftar	[məndaftar]
professeur (m) (~ d'anglais)	guru	[guru]
traduction (f) (action)	penerjemahan	[penerdʒ'emahan]
traduction (f) (texte)	terjemahan	[tərdʒ'emahan]
traducteur (m)	penerjemah	[penerdʒ'emah]
interprète (m)	juru bahasa	[dʒ'uru bahasa]
polyglotte (m)	poliglot	[poliglot]
mémoire (f)	memori, daya ingat	[memori], [daja iŋat]

BOOKS

T&P

LES REPAS.
LE RESTAURANT

T&P Books Publishing

48. Le dressage de la table

cuillère (f)	**sendok**	[sendoʔ]
couteau (m)	**pisau**	[pisau]
fourchette (f)	**garpu**	[garpu]
tasse (f)	**cangkir**	[ʧaŋkir]
assiette (f)	**piring**	[piriŋ]
soucoupe (f)	**alas cangkir**	[alas ʧaŋkir]
serviette (f)	**serbet**	[serbet]
cure-dent (m)	**tusuk gigi**	[tusuʔ gigi]

49. Le restaurant

restaurant (m)	**restoran**	[restoran]
salon (m) de café	**warung kopi**	[waruŋ kopi]
bar (m)	**bar**	[bar]
salon (m) de thé	**warung teh**	[waruŋ teh]
serveur (m)	**pelayan lelaki**	[pelajan lelaki]
serveuse (f)	**pelayan perempuan**	[pelajan pərempuan]
barman (m)	**pelayan bar**	[pelajan bar]
carte (f)	**menu**	[menu]
carte (f) des vins	**daftar anggur**	[daftar aŋgur]
réserver une table	**memesan meja**	[memesan medʒʲa]
plat (m)	**masakan, hidangan**	[masakan], [hidaŋan]
commander (vt)	**memesan**	[memesan]
faire la commande	**memesan**	[memesan]
apéritif (m)	**aperitif**	[aperitif]
hors-d'œuvre (m)	**makanan ringan**	[makanan riŋan]
dessert (m)	**hidangan penutup**	[hidaŋan penutup]
addition (f)	**bon**	[bon]
régler l'addition	**membayar bon**	[membajar bon]
rendre la monnaie	**memberikan uang kembalian**	[memberikan uaŋ kembalian]
pourboire (m)	**tip**	[tip]

50. Les repas

nourriture (f)	makanan	[makanan]
manger (vi, vt)	makan	[makan]
petit déjeuner (m)	makan pagi, sarapan	[makan pagi], [sarapan]
prendre le petit déjeuner	sarapan	[sarapan]
déjeuner (m)	makan siang	[makan siaŋ]
déjeuner (vi)	makan siang	[makan siaŋ]
dîner (m)	makan malam	[makan malam]
dîner (vi)	makan malam	[makan malam]
appétit (m)	nafsu makan	[nafsu makan]
Bon appétit!	Selamat makan!	[selamat makan!]
ouvrir (vt)	membuka	[membuka]
renverser (liquide)	menumpahkan	[mənumpahkan]
bouillir (vi)	mendidih	[məndidih]
faire bouillir	mendidihkan	[məndidihkan]
bouilli (l'eau ~e)	masak	[masaʔ]
refroidir (vt)	mendinginkan	[məndiŋinkan]
se refroidir (vp)	mendingin	[məndiŋin]
goût (m)	rasa	[rasa]
arrière-goût (m)	nuansa rasa	[nuansa rasa]
suivre un régime	berdiet	[berdiet]
régime (m)	diet, pola makan	[diet], [pola makan]
vitamine (f)	vitamin	[vitamin]
calorie (f)	kalori	[kalori]
végétarien (m)	vegetarian	[vegetarian]
végétarien (adj)	vegetarian	[vegetarian]
lipides (m pl)	lemak	[lemaʔ]
protéines (f pl)	protein	[protein]
glucides (m pl)	karbohidrat	[karbohidrat]
tranche (f)	irisan	[irisan]
morceau (m)	potongan	[potoŋan]
miette (f)	remah	[remah]

51. Les plats cuisinés

plat (m)	masakan, hidangan	[masakan], [hidaŋan]
cuisine (f)	masakan	[masakan]
recette (f)	resep	[resep]
portion (f)	porsi	[porsi]
salade (f)	salada	[salada]

soupe (f)	sup	[sup]
bouillon (m)	kaldu	[kaldu]
sandwich (m)	roti lapis	[roti lapis]
les œufs brouillés	telur mata sapi	[telur mata sapi]

| hamburger (m) | hamburger | [hamburger] |
| steak (m) | bistik | [bistiʔ] |

garniture (f)	lauk	[lauʔ]
spaghettis (m pl)	spageti	[spageti]
purée (f)	kentang tumbuk	[kentaŋ tumbuʔ]
pizza (f)	piza	[piza]
bouillie (f)	bubur	[bubur]
omelette (f)	telur dadar	[telur dadar]

cuit à l'eau (adj)	rebus	[rebus]
fumé (adj)	asap	[asap]
frit (adj)	goreng	[goreŋ]
sec (adj)	kering	[keriŋ]
congelé (adj)	beku	[beku]
mariné (adj)	marinade	[marinade]

sucré (adj)	manis	[manis]
salé (adj)	asin	[asin]
froid (adj)	dingin	[diŋin]
chaud (adj)	panas	[panas]
amer (adj)	pahit	[pahit]
bon (savoureux)	enak	[enaʔ]

cuire à l'eau	merebus	[merebus]
préparer (le dîner)	memasak	[memasaʔ]
faire frire	menggoreng	[məŋgoreŋ]
réchauffer (vt)	memanaskan	[memanaskan]

saler (vt)	menggarami	[məŋgarami]
poivrer (vt)	membubuh merica	[membubuh meritʃa]
râper (vt)	memarut	[memarut]
peau (f)	kulit	[kulit]
éplucher (vt)	mengupas	[məŋupas]

52. Les aliments

viande (f)	daging	[dagiŋ]
poulet (m)	ayam	[ajam]
poulet (m) (poussin)	anak ayam	[anaʔ ajam]
canard (m)	bebek	[bebeʔ]
oie (f)	angsa	[aŋsa]
gibier (m)	binatang buruan	[binataŋ buruan]
dinde (f)	kalkun	[kalkun]
du porc	daging babi	[dagiŋ babi]

du veau	**daging anak sapi**	[dagiŋ ana' sapi]
du mouton	**daging domba**	[dagiŋ domba]
du bœuf	**daging sapi**	[dagiŋ sapi]
lapin (m)	**kelinci**	[kelintʃi]
saucisson (m)	**sosis**	[sosis]
saucisse (f)	**sosis**	[sosis]
bacon (m)	**bakon**	[beykon]
jambon (m)	**ham, daging kornet**	[ham], [dagiŋ kornet]
cuisse (f)	**ham**	[ham]
pâté (m)	**pasta**	[pasta]
foie (m)	**hati**	[hati]
farce (f)	**daging giling**	[dagiŋ giliŋ]
langue (f)	**lidah**	[lidah]
œuf (m)	**telur**	[telur]
les œufs	**telur**	[telur]
blanc (m) d'œuf	**putih telur**	[putih telur]
jaune (m) d'œuf	**kuning telur**	[kuniŋ telur]
poisson (m)	**ikan**	[ikan]
fruits (m pl) de mer	**makanan laut**	[makanan laut]
crustacés (m pl)	**krustasea**	[krustasea]
caviar (m)	**caviar**	[kaviar]
crabe (m)	**kepiting**	[kepitiŋ]
crevette (f)	**udang**	[udaŋ]
huître (f)	**tiram**	[tiram]
langoustine (f)	**lobster berduri**	[lobster berduri]
poulpe (m)	**gurita**	[gurita]
calamar (m)	**cumi-cumi**	[tʃumi-tʃumi]
esturgeon (m)	**ikan sturgeon**	[ikan sturdʒʲen]
saumon (m)	**salmon**	[salmon]
flétan (m)	**ikan turbot**	[ikan turbot]
morue (f)	**ikan kod**	[ikan kod]
maquereau (m)	**ikan kembung**	[ikan kembuŋ]
thon (m)	**tuna**	[tuna]
anguille (f)	**belut**	[belut]
truite (f)	**ikan forel**	[ikan forel]
sardine (f)	**sarden**	[sarden]
brochet (m)	**ikan pike**	[ikan paik]
hareng (m)	**ikan haring**	[ikan hariŋ]
pain (m)	**roti**	[roti]
fromage (m)	**keju**	[kedʒʲu]
sucre (m)	**gula**	[gula]
sel (m)	**garam**	[garam]
riz (m)	**beras, nasi**	[beras], [nasi]

| pâtes (m pl) | makaroni | [makaroni] |
| nouilles (f pl) | mi | [mi] |

beurre (m)	mentega	[məntega]
huile (f) végétale	minyak nabati	[minja' nabati]
huile (f) de tournesol	minyak bunga matahari	[minja' buŋa matahari]
margarine (f)	margarin	[margarin]

| olives (f pl) | buah zaitun | [buah zajtun] |
| huile (f) d'olive | minyak zaitun | [minja' zajtun] |

lait (m)	susu	[susu]
lait (m) condensé	susu kental	[susu kental]
yogourt (m)	yogurt	[yogurt]
crème (f) aigre	krim asam	[krim asam]
crème (f) (de lait)	krim, kepala susu	[krim], [kepala susu]

| sauce (f) mayonnaise | mayones | [majones] |
| crème (f) au beurre | krim | [krim] |

gruau (m)	menir	[menir]
farine (f)	tepung	[tepuŋ]
conserves (f pl)	makanan kalengan	[makanan kaleŋan]

pétales (m pl) de maïs	emping jagung	[empiŋ dʒʲaguŋ]
miel (m)	madu	[madu]
confiture (f)	selai	[selaj]
gomme (f) à mâcher	permen karet	[pərmen karet]

53. Les boissons

eau (f)	air	[air]
eau (f) potable	air minum	[air minum]
eau (f) minérale	air mineral	[air mineral]

plate (adj)	tanpa gas	[tanpa gas]
gazeuse (l'eau ~)	berkarbonasi	[bərkarbonasi]
pétillante (adj)	bergas	[bərgas]
glace (f)	es	[es]
avec de la glace	dengan es	[deŋan es]

sans alcool	tanpa alkohol	[tanpa alkohol]
boisson (f) non alcoolisée	minuman ringan	[minuman riŋan]
rafraîchissement (m)	minuman penygar	[minuman penigar]
limonade (f)	limun	[limun]

boissons (f pl) alcoolisées	minoman beralkohol	[minoman bəralkohol]
vin (m)	anggur	[aŋgur]
vin (m) blanc	anggur putih	[aŋgur putih]
vin (m) rouge	anggur merah	[aŋgur merah]

liqueur (f)	**likeur**	[likeur]
champagne (m)	**sampanye**	[sampanje]
vermouth (m)	**vermouth**	[vermut]
whisky (m)	**wiski**	[wiski]
vodka (f)	**vodka**	[vodka]
gin (m)	**jin, jenewer**	[dʒin], [dʒʲenewer]
cognac (m)	**konyak**	[konjaʔ]
rhum (m)	**rum**	[rum]
café (m)	**kopi**	[kopi]
café (m) noir	**kopi pahit**	[kopi pahit]
café (m) au lait	**kopi susu**	[kopi susu]
cappuccino (m)	**cappuccino**	[kaputʃino]
café (m) soluble	**kopi instan**	[kopi instan]
lait (m)	**susu**	[susu]
cocktail (m)	**koktail**	[koktajl]
cocktail (m) au lait	**susu kocok**	[susu kotʃoʔ]
jus (m)	**jus**	[dʒʲus]
jus (m) de tomate	**jus tomat**	[dʒʲus tomat]
jus (m) d'orange	**jus jeruk**	[dʒʲus dʒʲeruʔ]
jus (m) pressé	**jus peras**	[dʒʲus peras]
bière (f)	**bir**	[bir]
bière (f) blonde	**bir putih**	[bir putih]
bière (f) brune	**bir hitam**	[bir hitam]
thé (m)	**teh**	[teh]
thé (m) noir	**teh hitam**	[teh hitam]
thé (m) vert	**teh hijau**	[teh hidʒʲau]

54. Les légumes

légumes (m pl)	**sayuran**	[sajuran]
verdure (f)	**sayuran hijau**	[sajuran hidʒʲau]
tomate (f)	**tomat**	[tomat]
concombre (m)	**mentimun, ketimun**	[məntimun], [ketimun]
carotte (f)	**wortel**	[wortel]
pomme (f) de terre	**kentang**	[kentaŋ]
oignon (m)	**bawang**	[bawaŋ]
ail (m)	**bawang putih**	[bawaŋ putih]
chou (m)	**kol**	[kol]
chou-fleur (m)	**kembang kol**	[kembaŋ kol]
chou (m) de Bruxelles	**kol Brussels**	[kol brusels]
brocoli (m)	**brokoli**	[brokoli]
betterave (f)	**ubi bit merah**	[ubi bit merah]

aubergine (f)	terung, terong	[teruŋ], [teroŋ]
courgette (f)	labu siam	[labu siam]
potiron (m)	labu	[labu]
navet (m)	turnip	[turnip]
persil (m)	peterseli	[peterseli]
fenouil (m)	adas sowa	[adas sowa]
laitue (f) (salade)	selada	[selada]
céleri (m)	seledri	[seledri]
asperge (f)	asparagus	[asparagus]
épinard (m)	bayam	[bajam]
pois (m)	kacang polong	[katʃaŋ poloŋ]
fèves (f pl)	kacang-kacangan	[katʃaŋ-katʃaŋan]
maïs (m)	jagung	[dʒ¹aguŋ]
haricot (m)	kacang buncis	[katʃaŋ buntʃis]
poivron (m)	cabai	[tʃabaj]
radis (m)	radis	[radis]
artichaut (m)	artisyok	[artiʃoˀ]

55. Les fruits. Les noix

fruit (m)	buah	[buah]
pomme (f)	apel	[apel]
poire (f)	pir	[pir]
citron (m)	jeruk sitrun	[dʒ¹eruˀ sitrun]
orange (f)	jeruk manis	[dʒ¹eruˀ manis]
fraise (f)	stroberi	[stroberi]
mandarine (f)	jeruk mandarin	[dʒ¹eruˀ mandarin]
prune (f)	plum	[plum]
pêche (f)	persik	[persiˀ]
abricot (m)	aprikot	[aprikot]
framboise (f)	buah frambus	[buah frambus]
ananas (m)	nanas	[nanas]
banane (f)	pisang	[pisaŋ]
pastèque (f)	semangka	[semaŋka]
raisin (m)	buah anggur	[buah aŋgur]
cerise (f)	buah ceri asam	[buah tʃeri asam]
merise (f)	buah ceri manis	[buah tʃeri manis]
melon (m)	melon	[melon]
pamplemousse (m)	jeruk Bali	[dʒ¹eruˀ bali]
avocat (m)	avokad	[avokad]
papaye (f)	pepaya	[pepaja]
mangue (f)	mangga	[maŋga]
grenade (f)	buah delima	[buah delima]
groseille (f) rouge	redcurrant	[redkaren]

cassis (m)	blackcurrant	[bleʔkaren]
groseille (f) verte	buah arbei hijau	[buah arbei hiʤʲau]
myrtille (f)	buah bilberi	[buah bilberi]
mûre (f)	beri hitam	[beri hitam]

raisin (m) sec	kismis	[kismis]
figue (f)	buah ara	[buah ara]
datte (f)	buah kurma	[buah kurma]

cacahuète (f)	kacang tanah	[katʃaŋ tanah]
amande (f)	badam	[badam]
noix (f)	buah walnut	[buah walnut]
noisette (f)	kacang hazel	[katʃaŋ hazel]
noix (f) de coco	buah kelapa	[buah kelapa]
pistaches (f pl)	badam hijau	[badam hiʤʲau]

56. Le pain. Les confiseries

confiserie (f)	kue-mue	[kue-mue]
pain (m)	roti	[roti]
biscuit (m)	biskuit	[biskuit]

chocolat (m)	cokelat	[tʃokelat]
en chocolat (adj)	cokelat	[tʃokelat]
bonbon (m)	permen	[pərmen]
gâteau (m), pâtisserie (f)	kue	[kue]
tarte (f)	kue tar	[kue tar]

gâteau (m)	pai	[pai]
garniture (f)	inti	[inti]

confiture (f)	selai buah utuh	[selaj buah utuh]
marmelade (f)	marmelade	[marmelade]
gaufre (f)	wafel	[wafel]
glace (f)	es krim	[es krim]
pudding (m)	puding	[pudiŋ]

57. Les épices

sel (m)	garam	[garam]
salé (adj)	asin	[asin]
saler (vt)	menggarami	[məŋgarami]

poivre (m) noir	merica	[meritʃa]
poivre (m) rouge	cabai merah	[tʃabaj merah]
moutarde (f)	mustar	[mustar]
raifort (m)	lobak pedas	[lobaʔ pedas]
condiment (m)	bumbu	[bumbu]

épice (f)	**rempah-rempah**	[rempah-rempah]
sauce (f)	**saus**	[saus]
vinaigre (m)	**cuka**	[ʧuka]
anis (m)	**adas manis**	[adas manis]
basilic (m)	**selasih**	[selasih]
clou (m) de girofle	**cengkih**	[ʧeŋkih]
gingembre (m)	**jahe**	[dʒʲahe]
coriandre (m)	**ketumbar**	[ketumbar]
cannelle (f)	**kayu manis**	[kaju manis]
sésame (m)	**wijen**	[widʒʲen]
feuille (f) de laurier	**daun salam**	[daun salam]
paprika (m)	**cabai**	[ʧabaj]
cumin (m)	**jintan**	[dʒintan]
safran (m)	**kuma-kuma**	[kuma-kuma]

T&P BOOKS

LES DONNÉES PERSONNELLES. LA FAMILLE

T&P Books Publishing

58. Les données personnelles. Les formulaires

prénom (m)	**nama, nama depan**	[nama], [nama depan]
nom (m) de famille	**nama keluarga**	[nama keluarga]
date (f) de naissance	**tanggal lahir**	[taŋgal lahir]
lieu (m) de naissance	**tempat lahir**	[tempat lahir]
nationalité (f)	**kebangsaan**	[kebaŋsa'an]
domicile (m)	**tempat tinggal**	[tempat tiŋgal]
pays (m)	**negara, negeri**	[negara], [negeri]
profession (f)	**profesi**	[profesi]
sexe (m)	**jenis kelamin**	[dʒʲenis kelamin]
taille (f)	**tinggi badan**	[tiŋgi badan]
poids (m)	**berat**	[berat]

59. La famille. Les liens de parenté

mère (f)	**ibu**	[ibu]
père (m)	**ayah**	[ajah]
fils (m)	**anak lelaki**	[ana' lelaki]
fille (f)	**anak perempuan**	[ana' perempuan]
fille (f) cadette	**anak perempuan bungsu**	[ana' perempuan buŋsu]
fils (m) cadet	**anak lelaki bungsu**	[ana' lelaki buŋsu]
fille (f) aînée	**anak perempuan sulung**	[ana' perempuan suluŋ]
fils (m) aîné	**anak lelaki sulung**	[ana' lelaki suluŋ]
frère (m)	**saudara lelaki**	[saudara lelaki]
frère (m) aîné	**kakak lelaki**	[kaka' lelaki]
frère (m) cadet	**adik lelaki**	[adi' lelaki]
sœur (f)	**saudara perempuan**	[saudara perempuan]
sœur (f) aînée	**kakak perempuan**	[kaka' perempuan]
sœur (f) cadette	**adik perempuan**	[adi' perempuan]
cousin (m)	**sepupu lelaki**	[sepupu lelaki]
cousine (f)	**sepupu perempuan**	[sepupu perempuan]
maman (f)	**mama, ibu**	[mama], [ibu]
papa (m)	**papa, ayah**	[papa], [ajah]
parents (m pl)	**orang tua**	[oraŋ tua]
enfant (m, f)	**anak**	[ana']
enfants (pl)	**anak-anak**	[ana'-ana']
grand-mère (f)	**nenek**	[nene']

grand-père (m)	kakek	[kake']
petit-fils (m)	cucu laki-laki	[tʃutʃu laki-laki]
petite-fille (f)	cucu perempuan	[tʃutʃu pərempuan]
petits-enfants (pl)	cucu	[tʃutʃu]
oncle (m)	paman	[paman]
tante (f)	bibi	[bibi]
neveu (m)	keponakan laki-laki	[keponakan laki-laki]
nièce (f)	keponakan perempuan	[keponakan pərempuan]
belle-mère (f)	ibu mertua	[ibu mertua]
beau-père (m)	ayah mertua	[ajah mertua]
gendre (m)	menantu laki-laki	[mənantu laki-laki]
belle-mère (f)	ibu tiri	[ibu tiri]
beau-père (m)	ayah tiri	[ajah tiri]
nourrisson (m)	bayi	[baji]
bébé (m)	bayi	[baji]
petit (m)	bocah cilik	[botʃah tʃili']
femme (f)	istri	[istri]
mari (m)	suami	[suami]
époux (m)	suami	[suami]
épouse (f)	istri	[istri]
marié (adj)	menikah, beristri	[mənikah], [beristri]
mariée (adj)	menikah, bersuami	[mənikah], [bərsuami]
célibataire (adj)	bujang	[budʒiaŋ]
célibataire (m)	bujang	[budʒiaŋ]
divorcé (adj)	bercerai	[bərtʃeraj]
veuve (f)	janda	[dʒ'anda]
veuf (m)	duda	[duda]
parent (m)	kerabat	[kerabat]
parent (m) proche	kerabat dekat	[kerabat dekat]
parent (m) éloigné	kerabat jauh	[kerabat dʒ'auh]
parents (m pl)	kerabat, sanak saudara	[kerabat], [sana' saudara]
orphelin (m), orpheline (f)	yatim piatu	[yatim piatu]
tuteur (m)	wali	[wali]
adopter (un garçon)	mengadopsi	[məŋadopsi]
adopter (une fille)	mengadopsi	[məŋadopsi]

60. Les amis. Les collègues

ami (m)	sahabat	[sahabat]
amie (f)	sahabat	[sahabat]
amitié (f)	persahabatan	[pərsahabatan]
être ami	bersahabat	[bərsahabat]
copain (m)	teman	[teman]

copine (f)	**teman**	[teman]
partenaire (m)	**mitra**	[mitra]
chef (m)	**atasan**	[atasan]
supérieur (m)	**atasan**	[atasan]
propriétaire (m)	**pemilik**	[pemili']
subordonné (m)	**bawahan**	[bawahan]
collègue (m, f)	**kolega**	[kolega]
connaissance (f)	**kenalan**	[kenalan]
compagnon (m) de route	**rekan seperjalanan**	[rekan seperdʒalanan]
copain (m) de classe	**teman sekelas**	[teman sekelas]
voisin (m)	**tetangga**	[tetaŋga]
voisine (f)	**tetangga**	[tetaŋga]
voisins (m pl)	**para tetangga**	[para tetaŋga]

T&P BOOKS

LE CORPS HUMAIN.
LES MÉDICAMENTS

T&P Books Publishing

61. La tête

tête (f)	**kepala**	[kepala]
visage (m)	**wajah**	[wadʒʲah]
nez (m)	**hidung**	[hiduŋ]
bouche (f)	**mulut**	[mulut]

œil (m)	**mata**	[mata]
les yeux	**mata**	[mata]
pupille (f)	**pupil, biji mata**	[pupil], [bidʒi mata]
sourcil (m)	**alis**	[alis]
cil (m)	**bulu mata**	[bulu mata]
paupière (f)	**kelopak mata**	[kelopaʔ mata]

langue (f)	**lidah**	[lidah]
dent (f)	**gigi**	[gigi]
lèvres (f pl)	**bibir**	[bibir]
pommettes (f pl)	**tulang pipi**	[tulaŋ pipi]
gencive (f)	**gusi**	[gusi]
palais (m)	**langit-langit mulut**	[laŋit-laŋit mulut]

narines (f pl)	**lubang hidung**	[lubaŋ hiduŋ]
menton (m)	**dagu**	[dagu]
mâchoire (f)	**rahang**	[rahaŋ]
joue (f)	**pipi**	[pipi]

front (m)	**dahi**	[dahi]
tempe (f)	**pelipis**	[pelipis]
oreille (f)	**telinga**	[teliŋa]
nuque (f)	**tengkuk**	[teŋkuʔ]
cou (m)	**leher**	[leher]
gorge (f)	**tenggorok**	[teŋgoroʔ]

cheveux (m pl)	**rambut**	[rambut]
coiffure (f)	**tatanan rambut**	[tatanan rambut]
coupe (f)	**potongan rambut**	[potoŋan rambut]
perruque (f)	**wig, rambut palsu**	[wig], [rambut palsu]

moustache (f)	**kumis**	[kumis]
barbe (f)	**janggut**	[dʒʲaŋgut]
porter (~ la barbe)	**memelihara**	[memelihara]
tresse (f)	**kepang**	[kepaŋ]
favoris (m pl)	**brewok**	[brewoʔ]

roux (adj)	**merah pirang**	[merah piraŋ]
gris, grisonnant (adj)	**beruban**	[bəruban]

| chauve (adj) | botak, plontos | [botak], [plontos] |
| calvitie (f) | botak | [bota'] |

| queue (f) de cheval | ekor kuda | [ekor kuda] |
| frange (f) | poni rambut | [poni rambut] |

62. Le corps humain

| main (f) | tangan | [taŋan] |
| bras (m) | lengan | [leŋan] |

doigt (m)	jari	[dʒⁱari]
orteil (m)	jari	[dʒⁱari]
pouce (m)	jempol	[dʒⁱempol]
petit doigt (m)	jari kelingking	[dʒⁱari keliŋkiŋ]
ongle (m)	kuku	[kuku]

poing (m)	kepalan tangan	[kepalan taŋan]
paume (f)	telapak	[telapa']
poignet (m)	pergelangan	[pərgelaŋan]
avant-bras (m)	lengan bawah	[leŋan bawah]
coude (m)	siku	[siku]
épaule (f)	bahu	[bahu]

jambe (f)	kaki	[kaki]
pied (m)	telapak kaki	[telapa' kaki]
genou (m)	lutut	[lutut]
mollet (m)	betis	[betis]

| hanche (f) | paha | [paha] |
| talon (m) | tumit | [tumit] |

corps (m)	tubuh	[tubuh]
ventre (m)	perut	[perut]
poitrine (f)	dada	[dada]
sein (m)	payudara	[pajudara]
côté (m)	rusuk	[rusu']
dos (m)	punggung	[puŋguŋ]

| reins (région lombaire) | pinggang bawah | [piŋgaŋ bawah] |
| taille (f) (~ de guêpe) | pinggang | [piŋgaŋ] |

nombril (m)	pusar	[pusar]
fesses (f pl)	pantat	[pantat]
derrière (m)	pantat	[pantat]

grain (m) de beauté	tanda lahir	[tanda lahir]
tache (f) de vin	tanda lahir	[tanda lahir]
tatouage (m)	tato	[tato]
cicatrice (f)	parut luka	[parut luka]

63. Les maladies

maladie (f)	penyakit	[penjakit]
être malade	sakit	[sakit]
santé (f)	kesehatan	[kesehatan]

rhume (m) (coryza)	hidung meler	[hiduŋ meler]
angine (f)	radang tonsil	[radaŋ tonsil]
refroidissement (m)	pilek, selesma	[pilek], [selesma]
prendre froid	masuk angin	[masuˀ aŋin]

bronchite (f)	bronkitis	[bronkitis]
pneumonie (f)	radang paru-paru	[radaŋ paru-paru]
grippe (f)	flu	[flu]

myope (adj)	rabun jauh	[rabun ʤʲauh]
presbyte (adj)	rabun dekat	[rabun dekat]
strabisme (m)	mata juling	[mata ʤʲuliŋ]
strabique (adj)	bermata juling	[bərmata ʤʲuliŋ]
cataracte (f)	katarak	[kataraˀ]
glaucome (m)	glaukoma	[glaukoma]

insulte (f)	stroke	[stroke]
crise (f) cardiaque	infark	[infarˀ]
infarctus (m) de myocarde	serangan jantung	[seraŋan ʤʲantuŋ]
paralysie (f)	kelumpuhan	[kelumpuhan]
paralyser (vt)	melumpuhkan	[melumpuhkan]

allergie (f)	alergi	[alergi]
asthme (m)	asma	[asma]
diabète (m)	diabetes	[diabetes]

| mal (m) de dents | sakit gigi | [sakit gigi] |
| carie (f) | karies | [karies] |

diarrhée (f)	diare	[diare]
constipation (f)	konstipasi, sembelit	[konstipasi], [sembelit]
estomac (m) barbouillé	gangguan pencernaan	[gaŋuan pentʃarnaˀan]
intoxication (f) alimentaire	keracunan makanan	[keratʃunan makanan]
être intoxiqué	keracunan makanan	[keratʃunan makanan]

arthrite (f)	artritis	[artritis]
rachitisme (m)	rakitis	[rakitis]
rhumatisme (m)	rematik	[rematiˀ]
athérosclérose (f)	aterosklerosis	[aterosklerosis]

gastrite (f)	radang perut	[radaŋ pərut]
appendicite (f)	apendisitis	[apendisitis]
cholécystite (f)	radang pundi empedu	[radaŋ pundi empedu]
ulcère (m)	tukak lambung	[tukaˀ lambuŋ]
rougeole (f)	penyakit campak	[penjakit tʃampaˀ]

rubéole (f)	penyakit campak Jerman	[penjakit tʃampaʔ dʒʲerman]
jaunisse (f)	sakit kuning	[sakit kuniŋ]
hépatite (f)	hepatitis	[hepatitis]
schizophrénie (f)	skizofrenia	[skizofrenia]
rage (f) (hydrophobie)	rabies	[rabies]
névrose (f)	neurosis	[neurosis]
commotion (f) cérébrale	gegar otak	[gegar otaʔ]
cancer (m)	kanker	[kanker]
sclérose (f)	sklerosis	[sklerosis]
sclérose (f) en plaques	sklerosis multipel	[sklerosis multipel]
alcoolisme (m)	alkoholisme	[alkoholisme]
alcoolique (m)	alkoholik	[alkoholiʔ]
syphilis (f)	sifilis	[sifilis]
SIDA (m)	AIDS	[ajds]
tumeur (f)	tumor	[tumor]
maligne (adj)	ganas	[ganas]
bénigne (adj)	jinak	[dʒinaʔ]
fièvre (f)	demam	[demam]
malaria (f)	malaria	[malaria]
gangrène (f)	gangren	[gaŋren]
mal (m) de mer	mabuk laut	[mabuʔ laut]
épilepsie (f)	epilepsi	[epilepsi]
épidémie (f)	epidemi	[epidemi]
typhus (m)	tifus	[tifus]
tuberculose (f)	tuberkulosis	[tuberkulosis]
choléra (m)	kolera	[kolera]
peste (f)	penyakit pes	[penjakit pes]

64. Les symptômes. Le traitement. Partie 1

symptôme (m)	gejala	[gedʒʲala]
température (f)	temperatur, suhu	[temperatur], [suhu]
fièvre (f)	temperatur tinggi	[temperatur tiŋgi]
pouls (m)	denyut nadi	[denyut nadi]
vertige (m)	rasa pening	[rasa peniŋ]
chaud (adj)	panas	[panas]
frisson (m)	menggigil	[məŋgigil]
pâle (adj)	pucat	[putʃat]
toux (f)	batuk	[batuʔ]
tousser (vi)	batuk	[batuʔ]
éternuer (vi)	bersin	[bersin]
évanouissement (m)	pingsan	[piŋsan]

s'évanouir (vp)	jatuh pingsan	[dʒ'atuh piŋsan]
bleu (m)	luka memar	[luka memar]
bosse (f)	bengkak	[beŋka']
se heurter (vp)	terantuk	[tərantu']
meurtrissure (f)	luka memar	[luka memar]
se faire mal	kena luka memar	[kena luka memar]

boiter (vi)	pincang	[pintʃaŋ]
foulure (f)	keseleo	[keseleo]
se démettre (l'épaule, etc.)	keseleo	[keseleo]
fracture (f)	fraktura, patah tulang	[fraktura], [patah tulaŋ]
avoir une fracture	patah tulang	[patah tulaŋ]

coupure (f)	teriris	[təriris]
se couper (~ le doigt)	teriris	[təriris]
hémorragie (f)	perdarahan	[pərdarahan]

| brûlure (f) | luka bakar | [luka bakar] |
| se brûler (vp) | menderita luka bakar | [mənderita luka bakar] |

se piquer (le doigt)	menusuk	[mənusu']
se piquer (vp)	tertusuk	[tərtusu']
blesser (vt)	melukai	[melukaj]
blessure (f)	cedera	[tʃedera]
plaie (f) (blessure)	luka	[luka]
trauma (m)	trauma	[trauma]

délirer (vi)	mengigau	[məŋigau]
bégayer (vi)	gagap	[gagap]
insolation (f)	sengatan matahari	[seŋatan matahari]

65. Les symptômes. Le traitement. Partie 2

| douleur (f) | sakit | [sakit] |
| écharde (f) | selumbar | [selumbar] |

sueur (f)	keringat	[keriŋat]
suer (vi)	berkeringat	[bərkeriŋat]
vomissement (m)	muntah	[muntah]
spasmes (m pl)	kram	[kram]

enceinte (adj)	hamil	[ħamil]
naître (vi)	lahir	[lahir]
accouchement (m)	persalinan	[pərsalinan]
accoucher (vi)	melahirkan	[melahirkan]
avortement (m)	aborsi	[aborsi]

respiration (f)	pernapasan	[pərnapasan]
inhalation (f)	tarikan napas	[tarikan napas]
expiration (f)	napas keluar	[napas keluar]

| expirer (vi) | mengembuskan napas | [məɲembuskan napas] |
| inspirer (vi) | menarik napas | [mənariʔ napas] |

invalide (m)	penderita cacat	[penderita tʃatʃat]
handicapé (m)	penderita cacat	[penderita tʃatʃat]
drogué (m)	pecandu narkoba	[petʃandu narkoba]

sourd (adj)	tunarungu	[tunaruŋu]
muet (adj)	tunawicara	[tunawitʃara]
sourd-muet (adj)	tunarungu-wicara	[tunaruŋu-witʃara]

fou (adj)	gila	[gila]
fou (m)	lelaki gila	[lelaki gila]
folle (f)	perempuan gila	[pərempuan gila]
devenir fou	menggila	[məŋgila]

gène (m)	gen	[gen]
immunité (f)	imunitas	[imunitas]
héréditaire (adj)	turun-temurun	[turun-temurun]
congénital (adj)	bawaan	[bawaʔan]

virus (m)	virus	[virus]
microbe (m)	mikroba	[mikroba]
bactérie (f)	bakteri	[bakteri]
infection (f)	infeksi	[infeksi]

66. Les symptômes. Le traitement. Partie 3

| hôpital (m) | rumah sakit | [rumah sakit] |
| patient (m) | pasien | [pasien] |

diagnostic (m)	diagnosis	[diagnosis]
cure (f) (faire une ~)	perawatan	[pərawatan]
traitement (m)	pengobatan medis	[peŋobatan medis]
se faire soigner	berobat	[bərobat]
traiter (un patient)	merawat	[merawat]
soigner (un malade)	merawat	[merawat]
soins (m pl)	pengasuhan	[peŋasuhan]

opération (f)	operasi, pembedahan	[operasi], [pembedahan]
panser (vt)	membalut	[membalut]
pansement (m)	pembalutan	[pembalutan]

vaccination (f)	vaksinasi	[vaksinasi]
vacciner (vt)	memvaksinasi	[memvaksinasi]
piqûre (f)	suntikan	[suntikan]
faire une piqûre	menyuntik	[məɲuntiʔ]

| crise, attaque (f) | serangan | [seraŋan] |
| amputation (f) | amputasi | [amputasi] |

amputer (vt)	mengamputasi	[mənamputasi]
coma (m)	koma	[koma]
être dans le coma	dalam keadaan koma	[dalam keada'an koma]
réanimation (f)	perawatan intensif	[pərawatan intensif]

se rétablir (vp)	sembuh	[sembuh]
état (m) (de santé)	keadaan	[keada'an]
conscience (f)	kesadaran	[kesadaran]
mémoire (f)	memori, daya ingat	[memori], [daja iŋat]

arracher (une dent)	mencabut	[məntʃabut]
plombage (m)	tambalan	[tambalan]
plomber (vt)	menambal	[mənambal]

| hypnose (f) | hipnosis | [hipnosis] |
| hypnotiser (vt) | menghipnosis | [məŋhipnosis] |

67. Les médicaments. Les accessoires

médicament (m)	obat	[obat]
remède (m)	obat	[obat]
prescrire (vt)	meresepkan	[meresepkan]
ordonnance (f)	resep	[resep]

comprimé (m)	pil, tablet	[pil], [tablet]
onguent (m)	salep	[salep]
ampoule (f)	ampul	[ampul]
mixture (f)	obat cair	[obat tʃajr]
sirop (m)	sirop	[sirop]
pilule (f)	pil	[pil]
poudre (f)	bubuk	[bubu']

bande (f)	perban	[perban]
coton (m) (ouate)	kapas	[kapas]
iode (m)	iodium	[iodium]

sparadrap (m)	plester obat	[plester obat]
compte-gouttes (m)	tetes mata	[tetes mata]
thermomètre (m)	termometer	[tərmometər]
seringue (f)	alat suntik	[alat sunti']

| fauteuil (m) roulant | kursi roda | [kursi roda] |
| béquilles (f pl) | kruk | [kru'] |

| anesthésique (m) | obat bius | [obat bius] |
| purgatif (m) | laksatif, obat pencuci perut | [laksatif], [obat pentʃutʃi pərut] |

alcool (m)	spiritus, alkohol	[spiritus], [alkohol]
herbe (f) médicinale	tanaman obat	[tanaman obat]
d'herbes (adj)	herbal	[herbal]

T&P BOOKS

L'APPARTEMENT

T&P Books Publishing

68. L'appartement

appartement (m)	**apartemen**	[apartemen]
chambre (f)	**kamar**	[kamar]
chambre (f) à coucher	**kamar tidur**	[kamar tidur]
salle (f) à manger	**ruang makan**	[ruaŋ makan]
salon (m)	**ruang tamu**	[ruaŋ tamu]
bureau (m)	**ruang kerja**	[ruaŋ kerdʒʲa]
antichambre (f)	**ruang depan**	[ruaŋ depan]
salle (f) de bains	**kamar mandi**	[kamar mandi]
toilettes (f pl)	**kamar kecil**	[kamar ketʃil]
plafond (m)	**plafon, langit-langit**	[plafon], [laŋit-laŋit]
plancher (m)	**lantai**	[lantaj]
coin (m)	**sudut**	[sudut]

69. Les meubles. L'intérieur

meubles (m pl)	**mebel**	[mebel]
table (f)	**meja**	[medʒʲa]
chaise (f)	**kursi**	[kursi]
lit (m)	**ranjang**	[randʒʲaŋ]
canapé (m)	**dipan**	[dipan]
fauteuil (m)	**kursi malas**	[kursi malas]
bibliothèque (f) (meuble)	**lemari buku**	[lemari buku]
rayon (m)	**rak**	[raʔ]
armoire (f)	**lemari pakaian**	[lemari pakajan]
patère (f)	**kapstok**	[kapstoʔ]
portemanteau (m)	**kapstok berdiri**	[kapstoʔ bərdiri]
commode (f)	**lemari laci**	[lemari latʃi]
table (f) basse	**meja kopi**	[medʒʲa kopi]
miroir (m)	**cermin**	[tʃermin]
tapis (m)	**permadani**	[pərmadani]
petit tapis (m)	**karpet kecil**	[karpet ketʃil]
cheminée (f)	**perapian**	[pərapian]
bougie (f)	**lilin**	[lilin]
chandelier (m)	**kaki lilin**	[kaki lilin]
rideaux (m pl)	**gorden**	[gorden]

papier (m) peint	**kertas dinding**	[kertas dindiŋ]
jalousie (f)	**kerai**	[keraj]
lampe (f) de table	**lampu meja**	[lampu medʒ‌a]
applique (f)	**lampu dinding**	[lampu dindiŋ]
lampadaire (m)	**lampu lantai**	[lampu lantaj]
lustre (m)	**lampu bercabang**	[lampu bertʃabaŋ]
pied (m) (~ de la table)	**kaki**	[kaki]
accoudoir (m)	**lengan**	[leŋan]
dossier (m)	**sandaran**	[sandaran]
tiroir (m)	**laci**	[latʃi]

70. La literie

linge (m) de lit	**kain kasur**	[kain kasur]
oreiller (m)	**bantal**	[bantal]
taie (f) d'oreiller	**sarung bantal**	[saruŋ bantal]
couverture (f)	**selimut**	[selimut]
drap (m)	**seprai**	[sepraj]
couvre-lit (m)	**selubung kasur**	[selubuŋ kasur]

71. La cuisine

cuisine (f)	**dapur**	[dapur]
gaz (m)	**gas**	[gas]
cuisinière (f) à gaz	**kompor gas**	[kompor gas]
cuisinière (f) électrique	**kompor listrik**	[kompor listriʔ]
four (m)	**oven**	[oven]
four (m) micro-ondes	**microwave**	[majkrowav]
réfrigérateur (m)	**lemari es, kulkas**	[lemari es], [kulkas]
congélateur (m)	**lemari pembeku**	[lemari pembeku]
lave-vaisselle (m)	**mesin pencuci piring**	[mesin pentʃutʃi piriŋ]
hachoir (m) à viande	**alat pelumat daging**	[alat pelumat dagiŋ]
centrifugeuse (f)	**mesin sari buah**	[mesin sari buah]
grille-pain (m)	**alat pemanggang roti**	[alat pemaŋgaŋ roti]
batteur (m)	**pencampur**	[pentʃampur]
machine (f) à café	**mesin pembuat kopi**	[mesin pembuat kopi]
cafetière (f)	**teko kopi**	[teko kopi]
moulin (m) à café	**mesin penggiling kopi**	[mesin peŋgiliŋ kopi]
bouilloire (f)	**cerek**	[tʃereʔ]
théière (f)	**teko**	[teko]
couvercle (m)	**tutup**	[tutup]
passoire (f) à thé	**saringan teh**	[sariŋan teh]

cuillère (f)	sendok	[sendoʔ]
petite cuillère (f)	sendok teh	[sendoʔ teh]
cuillère (f) à soupe	sendok makan	[sendoʔ makan]
fourchette (f)	garpu	[garpu]
couteau (m)	pisau	[pisau]
vaisselle (f)	piring mangkuk	[pirinŋ manŋkuʔ]
assiette (f)	piring	[pirinŋ]
soucoupe (f)	alas cangkir	[alas tʃanŋkir]
verre (m) à shot	seloki	[seloki]
verre (m) (~ d'eau)	gelas	[gelas]
tasse (f)	cangkir	[tʃanŋkir]
sucrier (m)	wadah gula	[wadah gula]
salière (f)	wadah garam	[wadah garam]
poivrière (f)	wadah merica	[wadah meritʃa]
beurrier (m)	wadah mentega	[wadah mentega]
casserole (f)	panci	[pantʃi]
poêle (f)	kuali	[kuali]
louche (f)	sudu	[sudu]
passoire (f)	saringan	[sarinŋan]
plateau (m)	talam	[talam]
bouteille (f)	botol	[botol]
bocal (m) (à conserves)	gelas	[gelas]
boîte (f) en fer-blanc	kaleng	[kalenŋ]
ouvre-bouteille (m)	pembuka botol	[pembuka botol]
ouvre-boîte (m)	pembuka kaleng	[pembuka kalenŋ]
tire-bouchon (m)	kotrek	[kotreʔ]
filtre (m)	saringan	[sarinŋan]
filtrer (vt)	saringan	[sarinŋan]
ordures (f pl)	sampah	[sampah]
poubelle (f)	tong sampah	[tonŋ sampah]

72. La salle de bains

salle (f) de bains	kamar mandi	[kamar mandi]
eau (f)	air	[air]
robinet (m)	keran	[keran]
eau (f) chaude	air panas	[air panas]
eau (f) froide	air dingin	[air dinŋin]
dentifrice (m)	pasta gigi	[pasta gigi]
se brosser les dents	menggosok gigi	[mənŋgosoʔ gigi]
brosse (f) à dents	sikat gigi	[sikat gigi]
se raser (vp)	bercukur	[bərtʃukur]

| mousse (f) à raser | busa cukur | [busa t͡ʃukur] |
| rasoir (m) | pisau cukur | [pisau t͡ʃukur] |

laver (vt)	mencuci	[mənt͡ʃut͡ʃi]
se laver (vp)	mandi	[mandi]
douche (f)	pancuran	[pant͡ʃuran]
prendre une douche	mandi pancuran	[mandi pant͡ʃuran]

baignoire (f)	bak mandi	[ba' mandi]
cuvette (f)	kloset	[kloset]
lavabo (m)	wastafel	[wastafel]

| savon (m) | sabun | [sabun] |
| porte-savon (m) | wadah sabun | [wadah sabun] |

éponge (f)	spons	[spons]
shampooing (m)	sampo	[sampo]
serviette (f)	handuk	[handu']
peignoir (m) de bain	jubah mandi	[dʒʲubah mandi]

lessive (f) (faire la ~)	pencucian	[pent͡ʃut͡ʃian]
machine (f) à laver	mesin cuci	[mesin t͡ʃut͡ʃi]
faire la lessive	mencuci	[mənt͡ʃut͡ʃi]
lessive (f) (poudre)	deterjen cuci	[deterdʒʲen t͡ʃut͡ʃi]

73. Les appareils électroménagers

téléviseur (m)	pesawat TV	[pesawat ti-vi]
magnétophone (m)	alat perekam	[alat pərekam]
magnétoscope (m)	video, VCR	[vidio], [vi-si-er]
radio (f)	radio	[radio]
lecteur (m)	pemutar	[pemutar]

vidéoprojecteur (m)	proyektor video	[proektor video]
home cinéma (m)	bioskop rumah	[bioskop rumah]
lecteur DVD (m)	pemutar DVD	[pemutar di-vi-di]
amplificateur (m)	penguat	[peŋuat]
console (f) de jeux	konsol permainan video	[konsol pərmajnan video]

caméscope (m)	kamera video	[kamera video]
appareil (m) photo	kamera	[kamera]
appareil (m) photo numérique	kamera digital	[kamera digital]

aspirateur (m)	pengisap debu	[peɲisap debu]
fer (m) à repasser	setrika	[setrika]
planche (f) à repasser	papan setrika	[papan setrika]

| téléphone (m) | telepon | [telepon] |
| portable (m) | ponsel | [ponsel] |

machine (f) à écrire	**mesin ketik**	[mesin keti']
machine (f) à coudre	**mesin jahit**	[mesin dʒʲahit]
micro (m)	**mikrofon**	[mikrofon]
écouteurs (m pl)	**headphone, fonkepala**	[headphone], [fonkepala]
télécommande (f)	**panel kendali**	[panel kendali]
CD (m)	**cakram kompak**	[tʃakram kompa']
cassette (f)	**kaset**	[kaset]
disque (m) (vinyle)	**piringan hitam**	[piriŋan hitam]

LA TERRE. LE TEMPS

T&P Books Publishing

cosmos (m)	angkasa	[aŋkasa]
cosmique (adj)	angkasa	[aŋkasa]
espace (m) cosmique	ruang angkasa	[ruaŋ aŋkasa]
monde (m)	dunia	[dunia]
univers (m)	jagat raya	[dʒ'agat raja]
galaxie (f)	galaksi	[galaksi]
étoile (f)	bintang	[bintaŋ]
constellation (f)	gugusan bintang	[gugusan bintaŋ]
planète (f)	planet	[planet]
satellite (m)	satelit	[satelit]
météorite (m)	meteorit	[meteorit]
comète (f)	komet	[komet]
astéroïde (m)	asteroid	[asteroid]
orbite (f)	orbit	[orbit]
tourner (vi)	berputar	[bərputar]
atmosphère (f)	atmosfer	[atmosfer]
Soleil (m)	matahari	[matahari]
système (m) solaire	tata surya	[tata surja]
éclipse (f) de soleil	gerhana matahari	[gerhana matahari]
Terre (f)	Bumi	[bumi]
Lune (f)	Bulan	[bulan]
Mars (m)	Mars	[mars]
Vénus (f)	Venus	[venus]
Jupiter (m)	Yupiter	[yupiter]
Saturne (m)	Saturnus	[saturnus]
Mercure (m)	Merkurius	[merkurius]
Uranus (m)	Uranus	[uranus]
Neptune	Neptunus	[neptunus]
Pluton (m)	Pluto	[pluto]
la Voie Lactée	Bimasakti	[bimasakti]
la Grande Ours	Ursa Major	[ursa madʒor]
la Polaire	Bintang Utara	[bintaŋ utara]
martien (m)	makhluk Mars	[mahlu' mars]
extraterrestre (m)	makhluk ruang angkasa	[mahlu' ruaŋ aŋkasa]
alien (m)	alien, makhluk asing	[alien], [mahlu' asiŋ]

soucoupe (f) volante	**piring terbang**	[piriŋ tərbaŋ]
vaisseau (m) spatial	**kapal antariksa**	[kapal antariksa]
station (f) orbitale	**stasiun antariksa**	[stasiun antariksa]
lancement (m)	**peluncuran**	[peluntʃuran]
moteur (m)	**mesin**	[mesin]
tuyère (f)	**nosel**	[nosel]
carburant (m)	**bahan bakar**	[bahan bakar]
cabine (f)	**kokpit**	[kokpit]
antenne (f)	**antena**	[antena]
hublot (m)	**jendela**	[dʒⁱendela]
batterie (f) solaire	**sel surya**	[sel surja]
scaphandre (m)	**pakaian antariksa**	[pakajan antariksa]
apesanteur (f)	**keadaan tanpa bobot**	[keada'an tanpa bobot]
oxygène (m)	**oksigen**	[oksigen]
arrimage (m)	**penggabungan**	[peŋgabuŋan]
s'arrimer à ...	**bergabung**	[bərgabuŋ]
observatoire (m)	**observatorium**	[observatorium]
télescope (m)	**teleskop**	[teleskop]
observer (vt)	**mengamati**	[məŋamati]
explorer (un cosmos)	**mengeksplorasi**	[məŋeksplorasi]

75. La Terre

Terre (f)	**Bumi**	[bumi]
globe (m) terrestre	**bola Bumi**	[bola bumi]
planète (f)	**planet**	[planet]
atmosphère (f)	**atmosfer**	[atmosfer]
géographie (f)	**geografi**	[geografi]
nature (f)	**alam**	[alam]
globe (m) de table	**globe**	[globe]
carte (f)	**peta**	[peta]
atlas (m)	**atlas**	[atlas]
Europe (f)	**Eropa**	[eropa]
Asie (f)	**Asia**	[asia]
Afrique (f)	**Afrika**	[afrika]
Australie (f)	**Australia**	[australia]
Amérique (f)	**Amerika**	[amerika]
Amérique (f) du Nord	**Amerika Utara**	[amerika utara]
Amérique (f) du Sud	**Amerika Selatan**	[amerika selatan]
l'Antarctique (m)	**Antartika**	[antartika]
l'Arctique (m)	**Arktika**	[arktika]

76. Les quatre parties du monde

nord (m)	**utara**	[utara]
vers le nord	**ke utara**	[ke utara]
au nord	**di utara**	[di utara]
du nord (adj)	**utara**	[utara]
sud (m)	**selatan**	[selatan]
vers le sud	**ke selatan**	[ke selatan]
au sud	**di selatan**	[di selatan]
du sud (adj)	**selatan**	[selatan]
ouest (m)	**barat**	[barat]
vers l'occident	**ke barat**	[ke barat]
à l'occident	**di barat**	[di barat]
occidental (adj)	**barat**	[barat]
est (m)	**timur**	[timur]
vers l'orient	**ke timur**	[ke timur]
à l'orient	**di timur**	[di timur]
oriental (adj)	**timur**	[timur]

77. Les océans et les mers

mer (f)	**laut**	[laut]
océan (m)	**samudra**	[samudra]
golfe (m)	**teluk**	[teluʔ]
détroit (m)	**selat**	[selat]
terre (f) ferme	**daratan**	[daratan]
continent (m)	**benua**	[benua]
île (f)	**pulau**	[pulau]
presqu'île (f)	**semenanjung, jazirah**	[semenandʒiuŋ], [dʒiazirah]
archipel (m)	**kepulauan**	[kepulauan]
baie (f)	**teluk**	[teluʔ]
port (m)	**pelabuhan**	[pelabuhan]
lagune (f)	**laguna**	[laguna]
cap (m)	**tanjung**	[tandʒiuŋ]
atoll (m)	**pulau karang**	[pulau karaŋ]
récif (m)	**terumbu**	[terumbu]
corail (m)	**karang**	[karaŋ]
récif (m) de corail	**terumbu karang**	[terumbu karaŋ]
profond (adj)	**dalam**	[dalam]
profondeur (f)	**kedalaman**	[kedalaman]
abîme (m)	**jurang**	[dʒiuraŋ]

fosse (f) océanique	palung	[paluŋ]
courant (m)	arus	[arus]
baigner (vt) (mer)	berbatasan dengan	[bərbatasan deŋan]

| littoral (m) | pantai | [pantaj] |
| côte (f) | pantai | [pantaj] |

marée (f) haute	air pasang	[air pasaŋ]
marée (f) basse	air surut	[air surut]
banc (m) de sable	beting	[betiŋ]
fond (m)	dasar	[dasar]

vague (f)	gelombang	[gelombaŋ]
crête (f) de la vague	puncak gelombang	[puntʃa' gelombaŋ]
mousse (f)	busa, buih	[busa], [buih]

tempête (f) en mer	badai	[badaj]
ouragan (m)	topan	[topan]
tsunami (m)	tsunami	[tsunami]
calme (m)	angin tenang	[aŋin tenaŋ]
calme (tranquille)	tenang	[tenaŋ]

| pôle (m) | kutub | [kutub] |
| polaire (adj) | kutub | [kutub] |

latitude (f)	lintang	[lintaŋ]
longitude (f)	garis bujur	[garis budʒ'ur]
parallèle (f)	sejajar	[sedʒ'adʒ'ar]
équateur (m)	khatulistiwa	[hatulistiwa]

ciel (m)	langit	[laŋit]
horizon (m)	horizon	[horizon]
air (m)	udara	[udara]

phare (m)	mercusuar	[mertʃusuar]
plonger (vi)	menyelam	[mənjelam]
sombrer (vi)	karam	[karam]
trésor (m)	harta karun	[harta karun]

78. Les noms des mers et des océans

océan (m) Atlantique	Samudra Atlantik	[samudra atlanti']
océan (m) Indien	Samudra Hindia	[samudra hindia]
océan (m) Pacifique	Samudra Pasifik	[samudra pasifi']
océan (m) Glacial	Samudra Arktik	[samudra arkti']

mer (f) Noire	Laut Hitam	[laut hitam]
mer (f) Rouge	Laut Merah	[laut merah]
mer (f) Jaune	Laut Kuning	[laut kuniŋ]
mer (f) Blanche	Laut Putih	[laut putih]

mer (f) Caspienne	Laut Kaspia	[laut kaspia]
mer (f) Morte	Laut Mati	[laut mati]
mer (f) Méditerranée	Laut Tengah	[laut teŋah]

| mer (f) Égée | Laut Aegean | [laut aegean] |
| mer (f) Adriatique | Laut Adriatik | [laut adriatiˀ] |

mer (f) Arabique	Laut Arab	[laut arab]
mer (f) du Japon	Laut Jepang	[laut dʒʲepaŋ]
mer (f) de Béring	Laut Bering	[laut beriŋ]
mer (f) de Chine Méridionale	Laut Cina Selatan	[laut tʃina selatan]

mer (f) de Corail	Laut Karang	[laut karaŋ]
mer (f) de Tasman	Laut Tasmania	[laut tasmania]
mer (f) Caraïbe	Laut Karibia	[laut karibia]

| mer (f) de Barents | Laut Barents | [laut barents] |
| mer (f) de Kara | Laut Kara | [laut kara] |

mer (f) du Nord	Laut Utara	[laut utara]
mer (f) Baltique	Laut Baltik	[laut baltiˀ]
mer (f) de Norvège	Laut Norwegia	[laut norwegia]

79. Les montagnes

montagne (f)	gunung	[gunuŋ]
chaîne (f) de montagnes	jajaran gunung	[dʒʲadʒʲaran gunuŋ]
crête (f)	sisir gunung	[sisir gunuŋ]

sommet (m)	puncak	[puntʃaˀ]
pic (m)	puncak	[puntʃaˀ]
pied (m)	kaki	[kaki]
pente (f)	lereng	[lereŋ]

volcan (m)	gunung api	[gunuŋ api]
volcan (m) actif	gunung api yang aktif	[gunuŋ api yaŋ aktif]
volcan (m) éteint	gunung api yang tidak aktif	[gunuŋ api yaŋ tidaˀ aktif]

éruption (f)	erupsi, letusan	[erupsi], [letusan]
cratère (m)	kawah	[kawah]
magma (m)	magma	[magma]
lave (f)	lava, lahar	[lava], [lahar]
en fusion (lave ~)	pijar	[pidʒʲar]

canyon (m)	kanyon	[kanjon]
défilé (m) (gorge)	jurang	[dʒʲuraŋ]
crevasse (f)	celah	[tʃelah]
précipice (m)	jurang	[dʒʲuraŋ]

col (m) de montagne	pass, celah	[pass], [tʃelah]
plateau (m)	plato, dataran tinggi	[plato], [dataran tiŋgi]
rocher (m)	tebing	[tebiŋ]
colline (f)	bukit	[bukit]

glacier (m)	gletser	[gletser]
chute (f) d'eau	air terjun	[air tərdʒ'un]
geyser (m)	geiser	[geyser]
lac (m)	danau	[danau]

plaine (f)	dataran	[dataran]
paysage (m)	landskap	[landskap]
écho (m)	gema	[gema]

alpiniste (m)	pendaki gunung	[pendaki gunuŋ]
varappeur (m)	pemanjat tebing	[pemandʒ'at tebiŋ]
conquérir (vt)	menaklukkan	[mənaklu'kan]
ascension (f)	pendakian	[pendakian]

80. Les noms des chaînes de montagne

Alpes (f pl)	Alpen	[alpen]
Mont Blanc (m)	Mont Blanc	[mon blan]
Pyrénées (f pl)	Pirenia	[pirenia]

Carpates (f pl)	Pegunungan Karpatia	[pegunuŋan karpatia]
Monts Oural (m pl)	Pegunungan Ural	[pegunuŋan ural]
Caucase (m)	Kaukasus	[kaukasus]
Elbrous (m)	Elbrus	[elbrus]

Altaï (m)	Altai	[altaj]
Tian Chan (m)	Tien Shan	[tjen ʃan]
Pamir (m)	Pegunungan Pamir	[pegunuŋan pamir]
Himalaya (m)	Himalaya	[himalaja]
Everest (m)	Everest	[everest]

| Andes (f pl) | Andes | [andes] |
| Kilimandjaro (m) | Kilimanjaro | [kilimandʒ'aro] |

81. Les fleuves

rivière (f), fleuve (m)	sungai	[suŋaj]
source (f)	mata air	[mata air]
lit (m) (d'une rivière)	badan sungai	[badan suŋaj]
bassin (m)	basin	[basin]
se jeter dans ...	mengalir ke ...	[məŋalir ke ...]
affluent (m)	anak sungai	[ana' suŋaj]
rive (f)	tebing sungai	[tebiŋ suŋaj]

courant (m)	arus	[arus]
en aval	ke hilir	[ke hilir]
en amont	ke hulu	[ke hulu]
inondation (f)	banjir	[bandʒir]
les grandes crues	banjir	[bandʒir]
déborder (vt)	membanjiri	[membandʒiri]
inonder (vt)	membanjiri	[membandʒiri]
bas-fond (m)	beting	[betiŋ]
rapide (m)	jeram	[dʒ'eram]
barrage (m)	dam, bendungan	[dam], [benduŋan]
canal (m)	kanal, terusan	[kanal], [tərusan]
lac (m) de barrage	waduk	[waduʔ]
écluse (f)	pintu air	[pintu air]
plan (m) d'eau	kolam	[kolam]
marais (m)	rawa	[rawa]
fondrière (f)	bencah, paya	[bentʃah], [paja]
tourbillon (m)	pusaran air	[pusaran air]
ruisseau (m)	selokan	[selokan]
potable (adj)	minum	[minum]
douce (l'eau ~)	tawar	[tawar]
glace (f)	es	[es]
être gelé	membeku	[membeku]

82. Les noms des fleuves

Seine (f)	Seine	[seine]
Loire (f)	Loire	[loire]
Tamise (f)	Thames	[tems]
Rhin (m)	Rein	[reyn]
Danube (m)	Donau	[donau]
Volga (f)	Volga	[volga]
Don (m)	Don	[don]
Lena (f)	Lena	[lena]
Huang He (m)	Suang Kuning	[suaŋ kuniŋ]
Yangzi Jiang (m)	Yangtze	[yaŋtze]
Mékong (m)	Mekong	[mekoŋ]
Gange (m)	Gangga	[gaŋga]
Nil (m)	Sungai Nil	[suŋaj nil]
Congo (m)	Kongo	[koŋo]
Okavango (m)	Okavango	[okavaŋo]

Zambèze (m)	Zambezi	[zambezi]
Limpopo (m)	Limpopo	[limpopo]
Mississippi (m)	Mississippi	[misisipi]

83. La forêt

| forêt (f) | hutan | [hutan] |
| forestier (adj) | hutan | [hutan] |

fourré (m)	hutan lebat	[hutan lebat]
bosquet (m)	hutan kecil	[hutan ketʃil]
clairière (f)	pembukaan hutan	[pembuka'an hutan]

| broussailles (f pl) | semak belukar | [sema' belukar] |
| taillis (m) | belukar | [belukar] |

| sentier (m) | jalan setapak | [dʒⁱalan setapa'] |
| ravin (m) | parit | [parit] |

arbre (m)	pohon	[pohon]
feuille (f)	daun	[daun]
feuillage (m)	daun-daunan	[daun-daunan]

chute (f) de feuilles	daun berguguran	[daun bərguguran]
tomber (feuilles)	luruh	[luruh]
sommet (m)	puncak	[puntʃa']

rameau (m)	cabang	[tʃabaŋ]
branche (f)	dahan	[dahan]
bourgeon (m)	tunas	[tunas]
aiguille (f)	daun jarum	[daun dʒⁱarum]
pomme (f) de pin	buah pinus	[buah pinus]

creux (m)	lubang pohon	[lubaŋ pohon]
nid (m)	sarang	[saraŋ]
terrier (m) (~ d'un renard)	lubang	[lubaŋ]

tronc (m)	batang	[bataŋ]
racine (f)	akar	[akar]
écorce (f)	kulit	[kulit]
mousse (f)	lumut	[lumut]

déraciner (vt)	mencabut	[məntʃabut]
abattre (un arbre)	menebang	[mənebaŋ]
déboiser (vt)	deforestasi, penggundulan hutan	[deforestasi], [peŋgundulan hutan]
souche (f)	tunggul	[tuŋgul]

| feu (m) de bois | api unggun | [api uŋgun] |
| incendie (m) | kebakaran hutan | [kebakaran hutan] |

éteindre (feu)	**memadamkan**	[memadamkan]
garde (m) forestier	**penjaga hutan**	[pendʒʲaga hutan]
protection (f)	**perlindungan**	[pərlinduŋan]
protéger (vt)	**melindungi**	[melinduŋi]
braconnier (m)	**pemburu ilegal**	[pemburu ilegal]
piège (m) à mâchoires	**perangkap**	[pəraŋkap]
cueillir (vt)	**memetik**	[memetiʔ]
s'égarer (vp)	**tersesat**	[tərsesat]

84. Les ressources naturelles

ressources (f pl) naturelles	**sumber daya alam**	[sumber daja alam]
minéraux (m pl)	**bahan tambang**	[bahan tambaŋ]
gisement (m)	**endapan**	[endapan]
champ (m) (~ pétrolifère)	**ladang**	[ladaŋ]
extraire (vt)	**menambang**	[mənambaŋ]
extraction (f)	**pertambangan**	[pərtambaŋan]
minerai (m)	**bijih**	[bidʒih]
mine (f) (site)	**tambang**	[tambaŋ]
puits (m) de mine	**sumur tambang**	[sumur tambaŋ]
mineur (m)	**penambang**	[penambaŋ]
gaz (m)	**gas**	[gas]
gazoduc (m)	**pipa saluran gas**	[pipa saluran gas]
pétrole (m)	**petroleum, minyak**	[petroleum], [minjaʔ]
pipeline (m)	**pipa saluran minyak**	[pipa saluran minjaʔ]
tour (f) de forage	**sumur minyak**	[sumur minjaʔ]
derrick (m)	**menara bor minyak**	[mənara bor minjaʔ]
pétrolier (m)	**kapal tangki**	[kapal taŋki]
sable (m)	**pasir**	[pasir]
calcaire (m)	**batu kapur**	[batu kapur]
gravier (m)	**kerikil**	[kerikil]
tourbe (f)	**gambut**	[gambut]
argile (f)	**tanah liat**	[tanah liat]
charbon (m)	**arang**	[araŋ]
fer (m)	**besi**	[besi]
or (m)	**emas**	[emas]
argent (m)	**perak**	[peraʔ]
nickel (m)	**nikel**	[nikel]
cuivre (m)	**tembaga**	[tembaga]
zinc (m)	**seng**	[seŋ]
manganèse (m)	**mangan**	[maŋan]
mercure (m)	**air raksa**	[air raksa]
plomb (m)	**timbal**	[timbal]

minéral (m)	mineral	[mineral]
cristal (m)	kristal, hablur	[kristal], [hablur]
marbre (m)	marmer	[marmer]
uranium (m)	uranium	[uranium]

85. Le temps

temps (m)	cuaca	[ʧuatʃa]
météo (f)	prakiraan cuaca	[prakiraʾan ʧuatʃa]
température (f)	temperatur, suhu	[temperatur], [suhu]
thermomètre (m)	termometer	[tərmometər]
baromètre (m)	barometer	[barometer]

humide (adj)	lembap	[lembap]
humidité (f)	kelembapan	[kelembapan]

chaleur (f) (canicule)	panas, gerah	[panas], [gerah]
torride (adj)	panas terik	[panas təriʾ]
il fait très chaud	panas	[panas]

il fait chaud	hangat	[haŋat]
chaud (modérément)	hangat	[haŋat]

il fait froid	dingin	[diŋin]
froid (adj)	dingin	[diŋin]

soleil (m)	matahari	[matahari]
briller (soleil)	bersinar	[bərsinar]
ensoleillé (jour ~)	cerah	[ʧerah]
se lever (vp)	terbit	[terbit]
se coucher (vp)	terbenam	[tərbenam]

nuage (m)	awan	[awan]
nuageux (adj)	berawan	[bərawan]
nuée (f)	awan mendung	[awan menduŋ]
sombre (adj)	mendung	[menduŋ]

pluie (f)	hujan	[huʤ¦an]
il pleut	hujan turun	[huʤ¦an turun]
pluvieux (adj)	hujan	[huʤ¦an]
bruiner (v imp)	gerimis	[gerimis]

pluie (f) torrentielle	hujan lebat	[huʤ¦an lebat]
averse (f)	hujan lebat	[huʤ¦an lebat]
forte (la pluie ~)	lebat	[lebat]
flaque (f)	kubangan	[kubaŋan]
se faire mouiller	kehujanan	[kehuʤ¦anan]

brouillard (m)	kabut	[kabut]
brumeux (adj)	berkabut	[bərkabut]

| neige (f) | salju | [saldʒʲu] |
| il neige | turun salju | [turun saldʒʲu] |

86. Les intempéries. Les catastrophes naturelles

orage (m)	hujan badai	[hudʒʲan badaj]
éclair (m)	kilat	[kilat]
éclater (foudre)	berkilau	[bərkilau]

tonnerre (m)	petir	[petir]
gronder (tonnerre)	bergemuruh	[bərgemuruh]
le tonnerre gronde	bergemuruh	[bərgemuruh]

| grêle (f) | hujan es | [hudʒʲan es] |
| il grêle | hujan es | [hudʒʲan es] |

| inonder (vt) | membanjiri | [membandʒiri] |
| inondation (f) | banjir | [bandʒir] |

tremblement (m) de terre	gempa bumi	[gempa bumi]
secousse (f)	gempa	[gempa]
épicentre (m)	episentrum	[episentrum]

| éruption (f) | erupsi, letusan | [erupsi], [letusan] |
| lave (f) | lava, lahar | [lava], [lahar] |

tourbillon (m)	puting beliung	[putiŋ beliuŋ]
tornade (f)	tornado	[tornado]
typhon (m)	topan	[topan]

ouragan (m)	topan	[topan]
tempête (f)	badai	[badaj]
tsunami (m)	tsunami	[tsunami]

cyclone (m)	siklon	[siklon]
intempéries (f pl)	cuaca buruk	[tʃuatʃa buruʔ]
incendie (m)	kebakaran	[kebakaran]
catastrophe (f)	bencana	[bentʃana]
météorite (m)	meteorit	[meteorit]

avalanche (f)	longsor	[loŋsor]
éboulement (m)	salju longsor	[saldʒʲu loŋsor]
blizzard (m)	badai salju	[badaj saldʒʲu]
tempête (f) de neige	badai salju	[badaj saldʒʲu]

T&P BOOKS

LA FAUNE

T&P Books Publishing

87. Les mammifères. Les prédateurs

prédateur (m)	predator, pemangsa	[predator], [pemaŋsa]
tigre (m)	harimau	[harimau]
lion (m)	singa	[siŋa]
loup (m)	serigala	[serigala]
renard (m)	rubah	[rubah]

jaguar (m)	jaguar	[dʒ¹aguar]
léopard (m)	leopard, macan tutul	[leopard], [matʃan tutul]
guépard (m)	cheetah	[tʃeetah]

panthère (f)	harimau kumbang	[harimau kumbaŋ]
puma (m)	singa gunung	[siŋa gunuŋ]
léopard (m) de neiges	harimau bintang salju	[harimau bintaŋ saldʒ¹u]
lynx (m)	lynx	[links]

coyote (m)	koyote	[koyot]
chacal (m)	jakal	[dʒ¹akal]
hyène (f)	hiena	[hiena]

88. Les animaux sauvages

| animal (m) | binatang | [binataŋ] |
| bête (f) | binatang buas | [binataŋ buas] |

écureuil (m)	bajing	[badʒiŋ]
hérisson (m)	landak susu	[landaˀ susu]
lièvre (m)	terwelu	[tərwelu]
lapin (m)	kelinci	[kelintʃi]

blaireau (m)	luak	[luaˀ]
raton (m)	rakun	[rakun]
hamster (m)	hamster	[hamster]
marmotte (f)	marmut	[marmut]

taupe (f)	tikus mondok	[tikus mondoˀ]
souris (f)	tikus	[tikus]
rat (m)	tikus besar	[tikus besar]
chauve-souris (f)	kelelawar	[kelelawar]

hermine (f)	ermin	[ermin]
zibeline (f)	sabel	[sabel]
martre (f)	marten	[marten]

| belette (f) | musang | [musaŋ] |
| vison (m) | cerpelai | [tʃerpelaj] |

| castor (m) | beaver | [beaver] |
| loutre (f) | berang-berang | [bəraŋ-bəraŋ] |

cheval (m)	kuda	[kuda]
élan (m)	rusa besar	[rusa besar]
cerf (m)	rusa	[rusa]
chameau (m)	unta	[unta]

bison (m)	bison	[bison]
aurochs (m)	aurochs	[oroks]
buffle (m)	kerbau	[kerbau]

zèbre (m)	kuda belang	[kuda belaŋ]
antilope (f)	antelop	[antelop]
chevreuil (m)	kijang	[kidʒ'aŋ]
biche (f)	rusa	[rusa]
chamois (m)	chamois	[ʃemva]
sanglier (m)	babi hutan jantan	[babi hutan dʒ'antan]

baleine (f)	ikan paus	[ikan paus]
phoque (m)	anjing laut	[andʒiŋ laut]
morse (m)	walrus	[walrus]
ours (m) de mer	anjing laut berbulu	[andʒiŋ laut bərbulu]
dauphin (m)	lumba-lumba	[lumba-lumba]

ours (m)	beruang	[beruaŋ]
ours (m) blanc	beruang kutub	[bəruaŋ kutub]
panda (m)	panda	[panda]

singe (m)	monyet	[monjet]
chimpanzé (m)	simpanse	[simpanse]
orang-outang (m)	orang utan	[oraŋ utan]
gorille (m)	gorila	[gorila]
macaque (m)	kera	[kera]
gibbon (m)	siamang, ungka	[siamaŋ], [uŋka]

| éléphant (m) | gajah | [gadʒ'ah] |
| rhinocéros (m) | badak | [bada'] |

| girafe (f) | jerapah | [dʒ'erapah] |
| hippopotame (m) | kuda nil | [kuda nil] |

| kangourou (m) | kanguru | [kaŋuru] |
| koala (m) | koala | [koala] |

mangouste (f)	garangan	[garaŋan]
chinchilla (m)	chinchilla	[tʃintʃilla]
mouffette (f)	sigung	[siguŋ]
porc-épic (m)	landak	[landa']

89. Les animaux domestiques

chat (m) (femelle)	kucing betina	[kutʃiŋ betina]
chat (m) (mâle)	kucing jantan	[kutʃiŋ dʒʲantan]
chien (m)	anjing	[andʒiŋ]
cheval (m)	kuda	[kuda]
étalon (m)	kuda jantan	[kuda dʒʲantan]
jument (f)	kuda betina	[kuda betina]
vache (f)	sapi	[sapi]
taureau (m)	sapi jantan	[sapi dʒʲantan]
bœuf (m)	lembu jantan	[lembu dʒʲantan]
brebis (f)	domba	[domba]
mouton (m)	domba jantan	[domba dʒʲantan]
chèvre (f)	kambing betina	[kambiŋ betina]
bouc (m)	kambing jantan	[kambiŋ dʒʲantan]
âne (m)	keledai	[keledaj]
mulet (m)	bagal	[bagal]
cochon (m)	babi	[babi]
pourceau (m)	anak babi	[anaʔ babi]
lapin (m)	kelinci	[kelintʃi]
poule (f)	ayam betina	[ajam betina]
coq (m)	ayam jago	[ajam dʒʲago]
canard (m)	bebek	[bebeʔ]
canard (m) mâle	bebek jantan	[bebeʔ dʒʲantan]
oie (f)	angsa	[aŋsa]
dindon (m)	kalkun jantan	[kalkun dʒʲantan]
dinde (f)	kalkun betina	[kalkun betina]
animaux (m pl) domestiques	binatang piaraan	[binataŋ piaraʔan]
apprivoisé (adj)	jinak	[dʒinaʔ]
apprivoiser (vt)	menjinakkan	[mandʒinaʔkan]
élever (vt)	membiakkan	[membiaʔkan]
ferme (f)	peternakan	[peternakan]
volaille (f)	unggas	[uŋgas]
bétail (m)	ternak	[ternaʔ]
troupeau (m)	kawanan	[kawanan]
écurie (f)	kandang kuda	[kandaŋ kuda]
porcherie (f)	kandang babi	[kandaŋ babi]
vacherie (f)	kandang sapi	[kandaŋ sapi]
cabane (f) à lapins	sangkar kelinci	[saŋkar kelintʃi]
poulailler (m)	kandang ayam	[kandaŋ ajam]

90. Les oiseaux

oiseau (m)	**burung**	[buruŋ]
pigeon (m)	**burung dara**	[buruŋ dara]
moineau (m)	**burung gereja**	[buruŋ geredʒ'a]
mésange (f)	**burung tit**	[buruŋ tit]
pie (f)	**burung murai**	[buruŋ muraj]
corbeau (m)	**burung raven**	[buruŋ raven]
corneille (f)	**burung gagak**	[buruŋ gaga']
choucas (m)	**burung gagak kecil**	[buruŋ gaga' ketʃil]
freux (m)	**burung rook**	[buruŋ roo']
canard (m)	**bebek**	[bebe']
oie (f)	**angsa**	[aŋsa]
faisan (m)	**burung kuau**	[buruŋ kuau]
aigle (m)	**rajawali**	[radʒ'awali]
épervier (m)	**elang**	[elaŋ]
faucon (m)	**alap-alap**	[alap-alap]
vautour (m)	**hering**	[heriŋ]
condor (m)	**kondor**	[kondor]
cygne (m)	**angsa**	[aŋsa]
grue (f)	**burung jenjang**	[buruŋ dʒ'endʒ'aŋ]
cigogne (f)	**bangau**	[baŋau]
perroquet (m)	**burung nuri**	[buruŋ nuri]
colibri (m)	**burung kolibri**	[buruŋ kolibri]
paon (m)	**burung merak**	[buruŋ mera']
autruche (f)	**burung unta**	[buruŋ unta]
héron (m)	**kuntul**	[kuntul]
flamant (m)	**burung flamingo**	[buruŋ flamiŋo]
pélican (m)	**pelikan**	[pelikan]
rossignol (m)	**burung bulbul**	[buruŋ bulbul]
hirondelle (f)	**burung walet**	[buruŋ walet]
merle (m)	**burung jalak**	[buruŋ dʒ'ala']
grive (f)	**burung jalak suren**	[buruŋ dʒ'ala' suren]
merle (m) noir	**burung jalak hitam**	[buruŋ dʒ'ala' hitam]
martinet (m)	**burung apus-apus**	[buruŋ apus-apus]
alouette (f) des champs	**burung lark**	[buruŋ lar']
caille (f)	**burung puyuh**	[buruŋ puyuh]
pivert (m)	**burung pelatuk**	[buruŋ pelatu']
coucou (m)	**burung kukuk**	[buruŋ kuku']
chouette (f)	**burung hantu**	[buruŋ hantu]
hibou (m)	**burung hantu bertanduk**	[buruŋ hantu bərtandu']

tétras (m)	burung murai kayu	[buruŋ muraj kaju]
tétras-lyre (m)	burung belibis hitam	[buruŋ belibis hitam]
perdrix (f)	ayam hutan	[ajam hutan]

étourneau (m)	burung starling	[buruŋ starliŋ]
canari (m)	burung kenari	[buruŋ kenari]
gélinotte (f) des bois	ayam hutan hazel	[ajam hutan hazel]
pinson (m)	burung chaffinch	[buruŋ tʃaffintʃ]
bouvreuil (m)	burung bullfinch	[buruŋ bullfintʃ]

mouette (f)	burung camar	[buruŋ tʃamar]
albatros (m)	albatros	[albatros]
pingouin (m)	penguin	[peŋuin]

91. Les poissons. Les animaux marins

brème (f)	ikan bream	[ikan bream]
carpe (f)	ikan karper	[ikan karper]
perche (f)	ikan tilapia	[ikan tilapia]
silure (m)	lais junggang	[lajs dʒʲuŋgaŋ]
brochet (m)	ikan pike	[ikan paik]

| saumon (m) | salmon | [salmon] |
| esturgeon (m) | ikan sturgeon | [ikan sturdʒʲen] |

hareng (m)	ikan haring	[ikan hariŋ]
saumon (m) atlantique	ikan salem	[ikan salem]
maquereau (m)	ikan kembung	[ikan kembuŋ]
flet (m)	ikan sebelah	[ikan sebelah]

sandre (f)	ikan seligi tenggeran	[ikan seligi teŋgeran]
morue (f)	ikan kod	[ikan kod]
thon (m)	tuna	[tuna]
truite (f)	ikan forel	[ikan forel]

anguille (f)	belut	[belut]
torpille (f)	ikan pari listrik	[ikan pari listriʔ]
murène (f)	belut moray	[belut morey]
piranha (m)	ikan piranha	[ikan piranha]

requin (m)	ikan hiu	[ikan hiu]
dauphin (m)	lumba-lumba	[lumba-lumba]
baleine (f)	ikan paus	[ikan paus]

crabe (m)	kepiting	[kepitiŋ]
méduse (f)	ubur-ubur	[ubur-ubur]
pieuvre (f), poulpe (m)	gurita	[gurita]

| étoile (f) de mer | bintang laut | [bintaŋ laut] |
| oursin (m) | landak laut | [landaʔ laut] |

hippocampe (m)	kuda laut	[kuda laut]
huître (f)	tiram	[tiram]
crevette (f)	udang	[udaŋ]
homard (m)	udang karang	[udaŋ karaŋ]
langoustine (f)	lobster berduri	[lobster berduri]

92. Les amphibiens. Les reptiles

| serpent (m) | ular | [ular] |
| venimeux (adj) | berbisa | [berbisa] |

vipère (f)	ular viper	[ular viper]
cobra (m)	kobra	[kobra]
python (m)	ular sanca	[ular santʃa]
boa (m)	ular boa	[ular boa]

couleuvre (f)	ular tanah	[ular tanah]
serpent (m) à sonnettes	ular derik	[ular deriˀ]
anaconda (m)	ular anakonda	[ular anakonda]

lézard (m)	kadal	[kadal]
iguane (m)	iguana	[iguana]
varan (m)	biawak	[biawaˀ]
salamandre (f)	salamander	[salamander]
caméléon (m)	bunglon	[buŋlon]
scorpion (m)	kalajengking	[kaladʒʲeŋkiŋ]

tortue (f)	kura-kura	[kura-kura]
grenouille (f)	katak	[kataˀ]
crapaud (m)	kodok	[kodoˀ]
crocodile (m)	buaya	[buaja]

93. Les insectes

insecte (m)	serangga	[seraŋga]
papillon (m)	kupu-kupu	[kupu-kupu]
fourmi (f)	semut	[semut]
mouche (f)	lalat	[lalat]
moustique (m)	nyamuk	[njamuˀ]
scarabée (m)	kumbang	[kumbaŋ]

guêpe (f)	tawon	[tawon]
abeille (f)	lebah	[lebah]
bourdon (m)	kumbang	[kumbaŋ]
œstre (m)	lalat kerbau	[lalat kerbau]

| araignée (f) | laba-laba | [laba-laba] |
| toile (f) d'araignée | sarang laba-laba | [saraŋ laba-laba] |

libellule (f)	capung	[tʃapuŋ]
sauterelle (f)	belalang	[belalaŋ]
papillon (m)	ngengat	[ŋeŋat]

cafard (m)	kecoa	[ketʃoa]
tique (f)	kutu	[kutu]
puce (f)	kutu loncat	[kutu lontʃat]
moucheron (m)	agas	[agas]

criquet (m)	belalang	[belalaŋ]
escargot (m)	siput	[siput]
grillon (m)	jangkrik	[dʒʲaŋkriʔ]
luciole (f)	kunang-kunang	[kunaŋ-kunaŋ]
coccinelle (f)	kumbang koksi	[kumbaŋ koksi]
hanneton (m)	kumbang Cockchafer	[kumbaŋ kokʃafer]

sangsue (f)	lintah	[lintah]
chenille (f)	ulat	[ulat]
ver (m)	cacing	[tʃatʃiŋ]
larve (f)	larva	[larva]

LA FLORE

T&P Books Publishing

arbre (m)	**pohon**	[pohon]
à feuilles caduques	**daun luruh**	[daun luruh]
conifère (adj)	**pohon jarum**	[pohon dʒ‌ˈarum]
à feuilles persistantes	**selalu hijau**	[selalu hidʒ‌ˈau]
pommier (m)	**pohon apel**	[pohon apel]
poirier (m)	**pohon pir**	[pohon pir]
merisier (m)	**pohon ceri manis**	[pohon ʧeri manis]
cerisier (m)	**pohon ceri asam**	[pohon ʧeri asam]
prunier (m)	**pohon plum**	[pohon plum]
bouleau (m)	**pohon berk**	[pohon bərˀ]
chêne (m)	**pohon eik**	[pohon eiˀ]
tilleul (m)	**pohon linden**	[pohon linden]
tremble (m)	**pohon aspen**	[pohon aspen]
érable (m)	**pohon mapel**	[pohon mapel]
épicéa (m)	**pohon den**	[pohon den]
pin (m)	**pohon pinus**	[pohon pinus]
mélèze (m)	**pohon larch**	[pohon larʧ]
sapin (m)	**pohon fir**	[pohon fir]
cèdre (m)	**pohon aras**	[pohon aras]
peuplier (m)	**pohon poplar**	[pohon poplar]
sorbier (m)	**pohon rowan**	[pohon rowan]
saule (m)	**pohon dedalu**	[pohon dedalu]
aune (m)	**pohon alder**	[pohon alder]
hêtre (m)	**pohon nothofagus**	[pohon notofagus]
orme (m)	**pohon elm**	[pohon elm]
frêne (m)	**pohon abu**	[pohon abu]
marronnier (m)	**kastanye**	[kastanje]
magnolia (m)	**magnolia**	[magnolia]
palmier (m)	**palem**	[palem]
cyprès (m)	**pokok cipres**	[pokoˀ sipres]
palétuvier (m)	**bakau**	[bakau]
baobab (m)	**baobab**	[baobab]
eucalyptus (m)	**kayu putih**	[kaju putih]
séquoia (m)	**sequoia**	[sekuoia]

95. Les arbustes

buisson (m)	**rumpun**	[rumpun]
arbrisseau (m)	**semak**	[sema']
vigne (f)	**pohon anggur**	[pohon aŋgur]
vigne (f) (vignoble)	**kebun anggur**	[kebun aŋgur]
framboise (f)	**pohon frambus**	[pohon frambus]
cassis (m)	**pohon blackcurrant**	[pohon ble'karen]
groseille (f) rouge	**pohon redcurrant**	[pohon redkaren]
groseille (f) verte	**pohon arbei hijau**	[pohon arbei hidʒiau]
acacia (m)	**pohon akasia**	[pohon akasia]
berbéris (m)	**pohon barberis**	[pohon barberis]
jasmin (m)	**melati**	[melati]
genévrier (m)	**pohon juniper**	[pohon dʒiuniper]
rosier (m)	**pohon mawar**	[pohon mawar]
églantier (m)	**pohon mawar liar**	[pohon mawar liar]

96. Les fruits. Les baies

fruit (m)	**buah**	[buah]
fruits (m pl)	**buah-buahan**	[buah-buahan]
pomme (f)	**apel**	[apel]
poire (f)	**pir**	[pir]
prune (f)	**plum**	[plum]
fraise (f)	**stroberi**	[stroberi]
cerise (f)	**buah ceri asam**	[buah tʃeri asam]
merise (f)	**buah ceri manis**	[buah tʃeri manis]
raisin (m)	**buah anggur**	[buah aŋgur]
framboise (f)	**buah frambus**	[buah frambus]
cassis (m)	**blackcurrant**	[ble'karen]
groseille (f) rouge	**redcurrant**	[redkaren]
groseille (f) verte	**buah arbei hijau**	[buah arbei hidʒiau]
canneberge (f)	**buah kranberi**	[buah kranberi]
orange (f)	**jeruk manis**	[dʒieru' manis]
mandarine (f)	**jeruk mandarin**	[dʒieru' mandarin]
ananas (m)	**nanas**	[nanas]
banane (f)	**pisang**	[pisaŋ]
datte (f)	**buah kurma**	[buah kurma]
citron (m)	**jeruk sitrun**	[dʒieru' sitrun]
abricot (m)	**aprikot**	[aprikot]

pêche (f)	**persik**	[persiʔ]
kiwi (m)	**kiwi**	[kiwi]
pamplemousse (m)	**jeruk Bali**	[dʒ'eruʔ bali]
baie (f)	**buah beri**	[buah bəri]
baies (f pl)	**buah-buah beri**	[buah-buah bəri]
airelle (f) rouge	**buah cowberry**	[buah kowbɐri]
fraise (f) des bois	**stroberi liar**	[stroberi liar]
myrtille (f)	**buah bilberi**	[buah bilberi]

97. Les fleurs. Les plantes

fleur (f)	**bunga**	[buŋa]
bouquet (m)	**buket**	[buket]
rose (f)	**mawar**	[mawar]
tulipe (f)	**tulip**	[tulip]
oeillet (m)	**bunga anyelir**	[buŋa anjelir]
glaïeul (m)	**bunga gladiol**	[buŋa gladiol]
bleuet (m)	**cornflower**	[kornflawa]
campanule (f)	**bunga lonceng biru**	[buŋa lontʃeŋ biru]
dent-de-lion (f)	**dandelion**	[dandelion]
marguerite (f)	**bunga margrit**	[buŋa margrit]
aloès (m)	**lidah buaya**	[lidah buaja]
cactus (m)	**kaktus**	[kaktus]
ficus (m)	**pohon ara**	[pohon ara]
lis (m)	**bunga lili**	[buŋa lili]
géranium (m)	**geranium**	[geranium]
jacinthe (f)	**bunga bakung lembayung**	[buŋa bakuŋ lembajuŋ]
mimosa (m)	**putri malu**	[putri malu]
jonquille (f)	**bunga narsis**	[buŋa narsis]
capucine (f)	**bunga nasturtium**	[buŋa nasturtium]
orchidée (f)	**anggrek**	[aŋgreʔ]
pivoine (f)	**bunga peoni**	[buŋa peoni]
violette (f)	**bunga violet**	[buŋa violet]
pensée (f)	**bunga pansy**	[buŋa pansi]
myosotis (m)	**bunga jangan-lupakan-daku**	[buŋa dʒ'aŋan-lupakan-daku]
pâquerette (f)	**bunga desi**	[buŋa desi]
coquelicot (m)	**bunga madat**	[buŋa madat]
chanvre (m)	**rami**	[rami]
menthe (f)	**mint**	[min]

muguet (m)	**lili lembah**	[lili lembah]
perce-neige (f)	**bunga tetesan salju**	[buŋa tetesan saldʒʲu]
ortie (f)	**jelatang**	[dʒʲelataŋ]
oseille (f)	**daun sorrel**	[daun sorrel]
nénuphar (m)	**lili air**	[lili air]
fougère (f)	**pakis**	[pakis]
lichen (m)	**lichen**	[litʃen]
serre (f) tropicale	**rumah kaca**	[rumah katʃa]
gazon (m)	**halaman berumput**	[halaman berumput]
parterre (m) de fleurs	**bedeng bunga**	[bedeŋ buŋa]
plante (f)	**tumbuhan**	[tumbuhan]
herbe (f)	**rumput**	[rumput]
brin (m) d'herbe	**sehelai rumput**	[sehelaj rumput]
feuille (f)	**daun**	[daun]
pétale (m)	**kelopak**	[kelopaʔ]
tige (f)	**batang**	[bataŋ]
tubercule (m)	**ubi**	[ubi]
pousse (f)	**tunas**	[tunas]
épine (f)	**duri**	[duri]
fleurir (vi)	**berbunga**	[berbuŋa]
se faner (vp)	**layu**	[laju]
odeur (f)	**bau**	[bau]
couper (vt)	**memotong**	[memotoŋ]
cueillir (fleurs)	**memetik**	[memetiʔ]

98. Les céréales

grains (m pl)	**biji-bijian**	[bidʒi-bidʒian]
céréales (f pl) (plantes)	**padi-padian**	[padi-padian]
épi (m)	**bulir**	[bulir]
blé (m)	**gandum**	[gandum]
seigle (m)	**gandum hitam**	[gandum hitam]
avoine (f)	**oat**	[oat]
millet (m)	**jawawut**	[dʒʲawawut]
orge (f)	**jelai**	[dʒʲelaj]
maïs (m)	**jagung**	[dʒʲaguŋ]
riz (m)	**beras**	[beras]
sarrasin (m)	**buckwheat**	[bakvit]
pois (m)	**kacang polong**	[katʃaŋ poloŋ]
haricot (m)	**kacang buncis**	[katʃaŋ buntʃis]
soja (m)	**kacang kedelai**	[katʃaŋ kedelaj]

lentille (f)	**kacang lentil**	[katʃaŋ lentil]
fèves (f pl)	**kacang-kacangan**	[katʃaŋ-katʃaŋan]

BOOKS

T&P

LES PAYS DU MONDE

T&P Books Publishing

Afghanistan (m)	**Afghanistan**	[afganistan]
Albanie (f)	**Albania**	[albania]
Allemagne (f)	**Jerman**	[dʒⁱerman]
Angleterre (f)	**Inggris**	[iŋgris]
Arabie (f) Saoudite	**Arab Saudi**	[arab saudi]
Argentine (f)	**Argentina**	[argentina]
Arménie (f)	**Armenia**	[armenia]
Australie (f)	**Australia**	[australia]
Autriche (f)	**Austria**	[austria]
Azerbaïdjan (m)	**Azerbaijan**	[azerbajdʒⁱan]
Bahamas (f pl)	**Kepulauan Bahama**	[kepulauan bahama]
Bangladesh (m)	**Bangladesh**	[baŋladeʃ]
Belgique (f)	**Belgia**	[belgia]
Biélorussie (f)	**Belarusia**	[belarusia]
Bolivie (f)	**Bolivia**	[bolivia]
Bosnie (f)	**Bosnia-Hercegovina**	[bosnia-hersegovina]
Brésil (m)	**Brasil**	[brasil]
Bulgarie (f)	**Bulgaria**	[bulgaria]
Cambodge (m)	**Kamboja**	[kambodʒⁱa]
Canada (m)	**Kanada**	[kanada]
Chili (m)	**Chili**	[ʧili]
Chine (f)	**Tiongkok**	[tjoŋkoʔ]
Chypre (m)	**Siprus**	[siprus]
Colombie (f)	**Kolombia**	[kolombia]
Corée (f) du Nord	**Korea Utara**	[korea utara]
Corée (f) du Sud	**Korea Selatan**	[korea selatan]
Croatie (f)	**Kroasia**	[kroasia]
Cuba (f)	**Kuba**	[kuba]
Danemark (m)	**Denmark**	[denmarʔ]
Écosse (f)	**Skotlandia**	[skotlandia]
Égypte (f)	**Mesir**	[mesir]
Équateur (m)	**Ekuador**	[ekuador]
Espagne (f)	**Spanyol**	[spanjol]
Estonie (f)	**Estonia**	[estonia]
Les États Unis	**Amerika Serikat**	[amerika serikat]
Fédération (f) des Émirats Arabes Unis	**Uni Emirat Arab**	[uni emirat arab]
Finlande (f)	**Finlandia**	[finlandia]
France (f)	**Prancis**	[pranʧis]
Géorgie (f)	**Georgia**	[dʒordʒia]
Ghana (m)	**Ghana**	[gana]

| Grande-Bretagne (f) | Britania Raya | [britania raja] |
| Grèce (f) | Yunani | [yunani] |

100. Les pays du monde. Partie 2

| Haïti (m) | Haiti | [haiti] |
| Hongrie (f) | Hongaria | [hoŋaria] |

Inde (f)	India	[india]
Indonésie (f)	Indonesia	[indonesia]
Iran (m)	Iran	[iran]
Iraq (m)	Irak	[ira⁷]
Irlande (f)	Irlandia	[irlandia]
Islande (f)	Islandia	[islandia]
Israël (m)	Israel	[israel]
Italie (f)	Italia	[italia]

Jamaïque (f)	Jamaika	[dʒ	amajka]
Japon (m)	Jepang	[dʒ	epaŋ]
Jordanie (f)	Yordania	[yordania]
Kazakhstan (m)	Kazakistan	[kazakstan]
Kenya (m)	Kenya	[kenia]
Kirghizistan (m)	Kirgizia	[kirgizia]
Koweït (m)	Kuwait	[kuweyt]

Laos (m)	Laos	[laos]
Lettonie (f)	Latvia	[latvia]
Liban (m)	Lebanon	[lebanon]
Libye (f)	Libia	[libia]
Liechtenstein (m)	Liechtenstein	[lajhtensteyn]
Lituanie (f)	Lituania	[lituania]
Luxembourg (m)	Luksemburg	[luksemburg]

Macédoine (f)	Makedonia	[makedonia]
Madagascar (f)	Madagaskar	[madagaskar]
Malaisie (f)	Malaysia	[malajsia]
Malte (f)	Malta	[malta]
Maroc (m)	Maroko	[maroko]
Mexique (m)	Meksiko	[meksiko]
Moldavie (f)	Moldova	[moldova]

Monaco (m)	Monako	[monako]
Mongolie (f)	Mongolia	[moŋolia]
Monténégro (m)	Montenegro	[montenegro]
Myanmar (m)	Myanmar	[myanmar]
Namibie (f)	Namibia	[namibia]
Népal (m)	Nepal	[nepal]
Norvège (f)	Norwegia	[norwegia]
Nouvelle Zélande (f)	Selandia Baru	[selandia baru]
Ouzbékistan (m)	Uzbekistan	[uzbekistan]

101. Les pays du monde. Partie 3

Pakistan (m)	Pakistan	[pakistan]
Palestine (f)	Palestina	[palestina]
Panamá (m)	Panama	[panama]
Paraguay (m)	Paraguay	[paraguaj]
Pays-Bas (m)	Belanda	[belanda]

Pérou (m)	Peru	[peru]
Pologne (f)	Polandia	[polandia]
Polynésie (f) Française	Polinesia Prancis	[polinesia prantʃis]
Portugal (m)	Portugal	[portugal]

République (f) Dominicaine	Republik Dominika	[republiˀ dominika]
République (f) Sud-africaine	Afrika Selatan	[afrika selatan]
République (f) Tchèque	Republik Ceko	[republiˀ tʃeko]
Roumanie (f)	Romania	[romania]
Russie (f)	Rusia	[rusia]

Sénégal (m)	Senegal	[senegal]
Serbie (f)	Serbia	[serbia]
Slovaquie (f)	Slowakia	[slowakia]
Slovénie (f)	Slovenia	[slovenia]
Suède (f)	Swedia	[swedia]
Suisse (f)	Swiss	[swiss]
Surinam (m)	Suriname	[suriname]
Syrie (f)	Suriah	[suriah]

Tadjikistan (m)	Tajikistan	[tadʒikistan]
Taïwan (m)	Taiwan	[tajwan]
Tanzanie (f)	Tanzania	[tanzania]
Tasmanie (f)	Tasmania	[tasmania]
Thaïlande (f)	Thailand	[tajland]
Tunisie (f)	Tunisia	[tunisia]
Turkménistan (m)	Turkmenistan	[turkmenistan]
Turquie (f)	Turki	[turki]

Ukraine (f)	Ukraina	[ukrajna]
Uruguay (m)	Uruguay	[uruguaj]
Vatican (m)	Vatikan	[vatikan]
Venezuela (f)	Venezuela	[venezuela]
Vietnam (m)	Vietnam	[vjetnam]
Zanzibar (m)	Zanzibar	[zanzibar]

GLOSSAIRE
GASTRONOMIQUE

Cette section contient
beaucoup de mots associés
à la nourriture. Ce dictionnaire
vous facilitera la tâche
de comprendre le menu
et de commander le bon plat
au restaurant

T&P Books Publishing

Français-Indonésien glossaire gastronomique

épi (m)	bulir	[bulir]
épice (f)	rempah-rempah	[rempah-rempah]
épinard (m)	bayam	[bajam]
œuf (m)	telur	[telur]
abricot (m)	aprikot	[aprikot]
addition (f)	bon	[bon]
ail (m)	bawang putih	[bawaŋ putih]
airelle (f) rouge	buah cowberry	[buah kowberi]
amande (f)	badam	[badam]
amanite (f) tue-mouches	jamur Amanita muscaria	[dʒamur amanita mustʃaria]
amer (adj)	pahit	[pahit]
ananas (m)	nanas	[nanas]
anguille (f)	belut	[belut]
anis (m)	adas manis	[adas manis]
apéritif (m)	aperitif	[aperitif]
appétit (m)	nafsu makan	[nafsu makan]
arrière-goût (m)	nuansa rasa	[nuansa rasa]
artichaut (m)	artisyok	[artiʃoʔ]
asperge (f)	asparagus	[asparagus]
assiette (f)	piring	[piriŋ]
aubergine (f)	terung, terong	[teruŋ], [teroŋ]
avec de la glace	dengan es	[deŋan es]
avocat (m)	avokad	[avokad]
avoine (f)	oat	[oat]
bacon (m)	bakon	[beykon]
baie (f)	buah beri	[buah beri]
baies (f pl)	buah-buah beri	[buah-buah beri]
banane (f)	pisang	[pisaŋ]
bar (m)	bar	[bar]
barman (m)	pelayan bar	[pelajan bar]
basilic (m)	selasih	[selasih]
betterave (f)	ubi bit merah	[ubi bit merah]
beurre (m)	mentega	[mentega]
bière (f)	bir	[bir]
bière (f) blonde	bir putih	[bir putih]
bière (f) brune	bir hitam	[bir hitam]
biscuit (m)	biskuit	[biskuit]
blé (m)	gandum	[gandum]
blanc (m) d'œuf	putih telur	[putih telur]
boisson (f) non alcoolisée	minuman ringan	[minuman riŋan]
boissons (f pl) alcoolisées	minoman beralkohol	[minoman beralkohol]

bolet (m) bai	jamur boletus berk	[dʒᶦamur boletus bərˀ]
bolet (m) orangé	jamur topi jingga	[dʒᶦamur topi dʒiŋga]
bon (adj)	enak	[enaˀ]
Bon appétit!	Selamat makan!	[selamat makan!]
bonbon (m)	permen	[pərmen]
bouillie (f)	bubur	[bubur]
bouillon (m)	kaldu	[kaldu]
brème (f)	ikan bream	[ikan bream]
brochet (m)	ikan pike	[ikan paik]
brocoli (m)	brokoli	[brokoli]
cèpe (m)	jamur boletus	[dʒᶦamur boletus]
céleri (m)	seledri	[seledri]
céréales (f pl)	padi-padian	[padi-padian]
cacahuète (f)	kacang tanah	[katʃaŋ tanah]
café (m)	kopi	[kopi]
café (m) au lait	kopi susu	[kopi susu]
café (m) noir	kopi pahit	[kopi pahit]
café (m) soluble	kopi instan	[kopi instan]
calamar (m)	cumi-cumi	[tʃumi-tʃumi]
calorie (f)	kalori	[kalori]
canard (m)	bebek	[bebeˀ]
canneberge (f)	buah kranberi	[buah kranberi]
cannelle (f)	kayu manis	[kaju manis]
cappuccino (m)	cappuccino	[kaputʃino]
carotte (f)	wortel	[wortel]
carpe (f)	ikan karper	[ikan karper]
carte (f)	menu	[menu]
carte (f) des vins	daftar anggur	[daftar aŋgur]
cassis (m)	blackcurrant	[bleˀkaren]
caviar (m)	caviar	[kaviar]
cerise (f)	buah ceri asam	[buah tʃeri asam]
champagne (m)	sampanye	[sampanje]
champignon (m)	jamur	[dʒᶦamur]
champignon (m) comestible	jamur makanan	[dʒᶦamur makanan]
champignon (m) vénéneux	jamur beracun	[dʒᶦamur bəratʃun]
chaud (adj)	panas	[panas]
chocolat (m)	cokelat	[tʃokelat]
chou (m)	kol	[kol]
chou (m) de Bruxelles	kol Brussels	[kol brusels]
chou-fleur (m)	kembang kol	[kembaŋ kol]
citron (m)	jeruk sitrun	[dʒᶦeruˀ sitrun]
clou (m) de girofle	cengkih	[tʃeŋkih]
cocktail (m)	koktail	[koktajl]
cocktail (m) au lait	susu kocok	[susu kotʃoˀ]
cognac (m)	konyak	[konjaˀ]
concombre (m)	mentimun, ketimun	[məntimun], [ketimun]
condiment (m)	bumbu	[bumbu]
confiserie (f)	kue-mue	[kue-mue]
confiture (f)	selai	[selaj]
confiture (f)	selai buah utuh	[selaj buah utuh]

congelé (adj)	**beku**	[beku]
conserves (f pl)	**makanan kalengan**	[makanan kaleŋan]
coriandre (m)	**ketumbar**	[ketumbar]
courgette (f)	**labu siam**	[labu siam]
couteau (m)	**pisau**	[pisau]
crème (f)	**krim, kepala susu**	[krim], [kepala susu]
crème (f) aigre	**krim asam**	[krim asam]
crème (f) au beurre	**krim**	[krim]
crabe (m)	**kepiting**	[kepitiŋ]
crevette (f)	**udang**	[udaŋ]
crustacés (m pl)	**krustasea**	[krustasea]
cuillère (f)	**sendok**	[sendoʔ]
cuillère (f) à soupe	**sendok makan**	[sendoʔ makan]
cuisine (f)	**masakan**	[masakan]
cuisse (f)	**ham**	[ham]
cuit à l'eau (adj)	**rebus**	[rebus]
cumin (m)	**jintan**	[dʒintan]
cure-dent (m)	**tusuk gigi**	[tusuʔ gigi]
déjeuner (m)	**makan siang**	[makan siaŋ]
dîner (m)	**makan malam**	[makan malam]
datte (f)	**buah kurma**	[buah kurma]
dessert (m)	**hidangan penutup**	[hidaŋan penutup]
dinde (f)	**kalkun**	[kalkun]
du bœuf	**daging sapi**	[dagiŋ sapi]
du mouton	**daging domba**	[dagiŋ domba]
du porc	**daging babi**	[dagiŋ babi]
du veau	**daging anak sapi**	[dagiŋ anaʔ sapi]
eau (f)	**air**	[air]
eau (f) minérale	**air mineral**	[air mineral]
eau (f) potable	**air minum**	[air minum]
en chocolat (adj)	**cokelat**	[tʃokelat]
esturgeon (m)	**ikan sturgeon**	[ikan sturdʒʲen]
fèves (f pl)	**kacang-kacangan**	[katʃaŋ-katʃaŋan]
farce (f)	**daging giling**	[dagiŋ giliŋ]
farine (f)	**tepung**	[tepuŋ]
fenouil (m)	**adas sowa**	[adas sowa]
feuille (f) de laurier	**daun salam**	[daun salam]
figue (f)	**buah ara**	[buah ara]
flétan (m)	**ikan turbot**	[ikan turbot]
flet (m)	**ikan sebelah**	[ikan sebelah]
foie (m)	**hati**	[hati]
fourchette (f)	**garpu**	[garpu]
fraise (f)	**stroberi**	[stroberi]
fraise (f) des bois	**stroberi liar**	[stroberi liar]
framboise (f)	**buah frambus**	[buah frambus]
frit (adj)	**goreng**	[goreŋ]
froid (adj)	**dingin**	[diŋin]
fromage (m)	**keju**	[kedʒʲu]
fruit (m)	**buah**	[buah]
fruits (m pl)	**buah-buahan**	[buah-buahan]
fruits (m pl) de mer	**makanan laut**	[makanan laut]
fumé (adj)	**asap**	[asap]

gâteau (m)	kue	[kue]
gâteau (m)	pai	[pai]
garniture (f)	inti	[inti]
garniture (f)	lauk	[lau']
gaufre (f)	wafel	[wafel]
gazeuse (adj)	berkarbonasi	[bərkarbonasi]
gibier (m)	binatang buruan	[binataŋ buruan]
gin (m)	jin, jenewer	[dʒin], [dʒˈenewer]
gingembre (m)	jahe	[dʒˈahe]
girolle (f)	jamur chanterelle	[dʒˈamur tʃanterelle]
glace (f)	es	[es]
glace (f)	es krim	[es krim]
glucides (m pl)	karbohidrat	[karbohidrat]
goût (m)	rasa	[rasa]
gomme (f) à mâcher	permen karet	[pərmen karet]
grains (m pl)	biji-bijian	[bidʒi-bidʒian]
grenade (f)	buah delima	[buah delima]
groseille (f) rouge	redcurrant	[redkaren]
groseille (f) verte	buah arbei hijau	[buah arbei hidʒˈau]
gruau (m)	menir	[menir]
hamburger (m)	hamburger	[hamburger]
hareng (m)	ikan haring	[ikan hariŋ]
haricot (m)	kacang buncis	[katʃaŋ buntʃis]
hors-d'œuvre (m)	makanan ringan	[makanan riŋan]
huître (f)	tiram	[tiram]
huile (f) d'olive	minyak zaitun	[minjaʔ zajtun]
huile (f) de tournesol	minyak bunga matahari	[minjaʔ buŋa matahari]
huile (f) végétale	minyak nabati	[minjaʔ nabati]
jambon (m)	ham, daging kornet	[ham], [dagiŋ kornet]
jaune (m) d'œuf	kuning telur	[kuniŋ telur]
jus (m)	jus	[dʒˈus]
jus (m) d'orange	jus jeruk	[dʒˈus dʒˈeruʔ]
jus (m) de tomate	jus tomat	[dʒˈus tomat]
jus (m) pressé	jus peras	[dʒˈus pəras]
kiwi (m)	kiwi	[kiwi]
légumes (m pl)	sayuran	[sajuran]
lait (m)	susu	[susu]
lait (m) condensé	susu kental	[susu kental]
laitue (f), salade (f)	selada	[selada]
langoustine (f)	lobster berduri	[lobster bərduri]
langue (f)	lidah	[lidah]
lapin (m)	kelinci	[kelintʃi]
lentille (f)	kacang lentil	[katʃaŋ lentil]
les œufs	telur	[telur]
les œufs brouillés	telur mata sapi	[telur mata sapi]
limonade (f)	limun	[limun]
lipides (m pl)	lemak	[lemaʔ]
liqueur (f)	likeur	[likeur]
mûre (f)	beri hitam	[beri hitam]
maïs (m)	jagung	[dʒˈaguŋ]
maïs (m)	jagung	[dʒˈaguŋ]
mandarine (f)	jeruk mandarin	[dʒˈeruʔ mandarin]

mangue (f)	mangga	[maŋga]
maquereau (m)	ikan kembung	[ikan kembuŋ]
margarine (f)	margarin	[margarin]
mariné (adj)	marinade	[marinade]
marmelade (f)	marmelade	[marmelade]
melon (m)	melon	[melon]
merise (f)	buah ceri manis	[buah ʧeri manis]
miel (m)	madu	[madu]
miette (f)	remah	[remah]
millet (m)	jawawut	[ʤˈawawut]
morceau (m)	potongan	[potoŋan]
morille (f)	jamur morel	[ʤˈamur morel]
morue (f)	ikan kod	[ikan kod]
moutarde (f)	mustar	[mustar]
myrtille (f)	buah bilberi	[buah bilberi]
navet (m)	turnip	[turnip]
noisette (f)	kacang hazel	[kaʧaŋ hazel]
noix (f)	buah walnut	[buah walnut]
noix (f) de coco	buah kelapa	[buah kelapa]
nouilles (f pl)	mi	[mi]
nourriture (f)	makanan	[makanan]
oie (f)	angsa	[aŋsa]
oignon (m)	bawang	[bawaŋ]
olives (f pl)	buah zaitun	[buah zajtun]
omelette (f)	telur dadar	[telur dadar]
orange (f)	jeruk manis	[ʤˈeru' manis]
orge (f)	jelai	[ʤˈelaj]
oronge (f) verte	jamur topi kematian	[ʤˈamur topi kematian]
ouvre-boîte (m)	pembuka kaleng	[pembuka kaleŋ]
ouvre-bouteille (m)	pembuka botol	[pembuka botol]
pâté (m)	pasta	[pasta]
pâtes (m pl)	makaroni	[makaroni]
pétales (m pl) de maïs	emping jagung	[empiŋ ʤˈaguŋ]
pétillante (adj)	bergas	[bergas]
pêche (f)	persik	[persi']
pain (m)	roti	[roti]
pamplemousse (m)	jeruk Bali	[ʤˈeru' bali]
papaye (f)	pepaya	[pepaja]
paprika (m)	cabai	[ʧabaj]
pastèque (f)	semangka	[semaŋka]
peau (f)	kulit	[kulit]
perche (f)	ikan tilapia	[ikan tilapia]
persil (m)	peterseli	[peterseli]
petit déjeuner (m)	makan pagi, sarapan	[makan pagi], [sarapan]
petite cuillère (f)	sendok teh	[sendo' teh]
pistaches (f pl)	badam hijau	[badam hiʤˈau]
pizza (f)	piza	[piza]
plat (m)	masakan, hidangan	[masakan], [hidaŋan]
plate (adj)	tanpa gas	[tanpa gas]
poire (f)	pir	[pir]
pois (m)	kacang polong	[kaʧaŋ poloŋ]
poisson (m)	ikan	[ikan]

poivre (m) noir	merica	[meritʃa]
poivre (m) rouge	cabai merah	[tʃabaj merah]
poivron (m)	cabai	[tʃabaj]
pomme (f)	apel	[apel]
pomme (f) de terre	kentang	[kentaŋ]
portion (f)	porsi	[porsi]
potiron (m)	labu	[labu]
poulet (m)	ayam	[ajam]
pourboire (m)	tip	[tip]
protéines (f pl)	protein	[protein]
prune (f)	plum	[plum]
pudding (m)	puding	[pudiŋ]
purée (f)	kentang tumbuk	[kentaŋ tumbuʔ]
régime (m)	diet, pola makan	[diet], [pola makan]
radis (m)	radis	[radis]
rafraîchissement (m)	minuman penygar	[minuman penigar]
raifort (m)	lobak pedas	[lobaʔ pedas]
raisin (m)	buah anggur	[buah aŋgur]
raisin (m) sec	kismis	[kismis]
recette (f)	resep	[resep]
requin (m)	ikan hiu	[ikan hiu]
rhum (m)	rum	[rum]
riz (m)	beras, nasi	[beras], [nasi]
russule (f)	jamur rusula	[dʒʲamur rusula]
sésame (m)	wijen	[widʒʲen]
safran (m)	kuma-kuma	[kuma-kuma]
salé (adj)	asin	[asin]
salade (f)	salada	[salada]
sandre (f)	ikan seligi tenggeran	[ikan seligi teŋgeran]
sandwich (m)	roti lapis	[roti lapis]
sans alcool	tanpa alkohol	[tanpa alkohol]
sardine (f)	sarden	[sarden]
sarrasin (m)	buckwheat	[bakvit]
sauce (f)	saus	[saus]
sauce (f) mayonnaise	mayones	[majones]
saucisse (f)	sosis	[sosis]
saucisson (m)	sosis	[sosis]
saumon (m)	salmon	[salmon]
saumon (m) atlantique	ikan salem	[ikan salem]
sec (adj)	kering	[keriŋ]
seigle (m)	gandum hitam	[gandum hitam]
sel (m)	garam	[garam]
serveur (m)	pelayan lelaki	[pelajan lelaki]
serveuse (f)	pelayan perempuan	[pelajan perempuan]
silure (m)	lais junggang	[lajs dʒʲuŋgaŋ]
soja (m)	kacang kedelai	[katʃaŋ kedelaj]
soucoupe (f)	alas cangkir	[alas tʃaŋkir]
soupe (f)	sup	[sup]
spaghettis (m pl)	spageti	[spageti]
steak (m)	bistik	[bistiʔ]
sucré (adj)	manis	[manis]
sucre (m)	gula	[gula]

tarte (f)	kue tar	[kue tar]
tasse (f)	cangkir	[ʧaŋkir]
thé (m)	teh	[teh]
thé (m) noir	teh hitam	[teh hitam]
thé (m) vert	teh hijau	[teh hidʒ'au]
thon (m)	tuna	[tuna]
tire-bouchon (m)	kotrek	[kotreʔ]
tomate (f)	tomat	[tomat]
tranche (f)	irisan	[irisan]
truite (f)	ikan forel	[ikan forel]
végétarien (adj)	vegetarian	[vegetarian]
végétarien (m)	vegetarian	[vegetarian]
verdure (f)	sayuran hijau	[sajuran hidʒ'au]
vermouth (m)	vermouth	[vermut]
verre (m)	gelas	[gelas]
verre (m) à vin	gelas anggur	[gelas aŋgur]
viande (f)	daging	[dagiŋ]
vin (m)	anggur	[aŋgur]
vin (m) blanc	anggur putih	[aŋgur putih]
vin (m) rouge	anggur merah	[aŋgur merah]
vinaigre (m)	cuka	[ʧuka]
vitamine (f)	vitamin	[vitamin]
vodka (f)	vodka	[vodka]
whisky (m)	wiski	[wiski]
yogourt (m)	yogurt	[yogurt]

adas manis	[adas manis]	anis (m)
adas sowa	[adas sowa]	fenouil (m)
air	[air]	eau (f)
air mineral	[air mineral]	eau (f) minérale
air minum	[air minum]	eau (f) potable
alas cangkir	[alas tʃaŋkir]	soucoupe (f)
anggur	[aŋgur]	vin (m)
anggur merah	[aŋgur merah]	vin (m) rouge
anggur putih	[aŋgur putih]	vin (m) blanc
angsa	[aŋsa]	oie (f)
apel	[apel]	pomme (f)
aperitif	[aperitif]	apéritif (m)
aprikot	[aprikot]	abricot (m)
artisyok	[artiʃoʔ]	artichaut (m)
asap	[asap]	fumé (adj)
asin	[asin]	salé (adj)
asparagus	[asparagus]	asperge (f)
avokad	[avokad]	avocat (m)
ayam	[ajam]	poulet (m)
badam	[badam]	amande (f)
badam hijau	[badam hidʒʲau]	pistaches (f pl)
bakon	[beykon]	bacon (m)
bar	[bar]	bar (m)
bawang	[bawaŋ]	oignon (m)
bawang putih	[bawaŋ putih]	ail (m)
bayam	[bajam]	épinard (m)
bebek	[bebeʔ]	canard (m)
beku	[beku]	congelé (adj)
belut	[belut]	anguille (f)
beras, nasi	[beras], [nasi]	riz (m)
bergas	[bergas]	pétillante (adj)
beri hitam	[beri hitam]	mûre (f)
berkarbonasi	[berkarbonasi]	gazeuse (adj)
biji-bijian	[bidʒi-bidʒian]	grains (m pl)
binatang buruan	[binataŋ buruan]	gibier (m)
bir	[bir]	bière (f)
bir hitam	[bir hitam]	bière (f) brune
bir putih	[bir putih]	bière (f) blonde
biskuit	[biskuit]	biscuit (m)
bistik	[bistiʔ]	steak (m)
blackcurrant	[bleʔkaren]	cassis (m)
bon	[bon]	addition (f)
brokoli	[brokoli]	brocoli (m)
buah	[buah]	fruit (m)

buah anggur	[buah aŋgur]	raisin (m)
buah ara	[buah ara]	figue (f)
buah arbei hijau	[buah arbei hidʒɪau]	groseille (f) verte
buah beri	[buah bəri]	baie (f)
buah bilberi	[buah bilberi]	myrtille (f)
buah ceri asam	[buah tʃeri asam]	cerise (f)
buah ceri manis	[buah tʃeri manis]	merise (f)
buah cowberry	[buah kowberi]	airelle (f) rouge
buah delima	[buah delima]	grenade (f)
buah frambus	[buah frambus]	framboise (f)
buah kelapa	[buah kelapa]	noix (f) de coco
buah kranberi	[buah kranberi]	canneberge (f)
buah kurma	[buah kurma]	datte (f)
buah walnut	[buah walnut]	noix (f)
buah zaitun	[buah zajtun]	olives (f pl)
buah-buah beri	[buah-buah bəri]	baies (f pl)
buah-buahan	[buah-buahan]	fruits (m pl)
bubur	[bubur]	bouillie (f)
buckwheat	[bakvit]	sarrasin (m)
bulir	[bulir]	épi (m)
bumbu	[bumbu]	condiment (m)
cabai	[tʃabaj]	poivron (m)
cabai	[tʃabaj]	paprika (m)
cabai merah	[tʃabaj merah]	poivre (m) rouge
cangkir	[tʃaŋkir]	tasse (f)
cappuccino	[kaputʃino]	cappuccino (m)
caviar	[kaviar]	caviar (m)
cengkih	[tʃeŋkih]	clou (m) de girofle
cokelat	[tʃokelat]	chocolat (m)
cokelat	[tʃokelat]	en chocolat (adj)
cuka	[tʃuka]	vinaigre (m)
cumi-cumi	[tʃumi-tʃumi]	calamar (m)
daftar anggur	[daftar aŋgur]	carte (f) des vins
daging	[dagiŋ]	viande (f)
daging anak sapi	[dagiŋ ana' sapi]	du veau
daging babi	[dagiŋ babi]	du porc
daging domba	[dagiŋ domba]	du mouton
daging giling	[dagiŋ giliŋ]	farce (f)
daging sapi	[dagiŋ sapi]	du bœuf
daun salam	[daun salam]	feuille (f) de laurier
dengan es	[deŋan es]	avec de la glace
diet, pola makan	[diet], [pola makan]	régime (m)
dingin	[diŋin]	froid (adj)
emping jagung	[empiŋ dʒɪagun]	pétales (m pl) de maïs
enak	[ena']	bon (adj)
es	[es]	glace (f)
es krim	[es krim]	glace (f)
gandum	[gandum]	blé (m)
gandum hitam	[gandum hitam]	seigle (m)
garam	[garam]	sel (m)
garpu	[garpu]	fourchette (f)
gelas	[gelas]	verre (m)

gelas anggur	[gelas aŋgur]	verre (m) à vin
goreng	[goreŋ]	frit (adj)
gula	[gula]	sucre (m)
ham	[ham]	cuisse (f)
ham, daging kornet	[ham], [dagiŋ kornet]	jambon (m)
hamburger	[hamburger]	hamburger (m)
hati	[hati]	foie (m)
hidangan penutup	[hidaŋan penutup]	dessert (m)
ikan	[ikan]	poisson (m)
ikan bream	[ikan bream]	brème (f)
ikan forel	[ikan forel]	truite (f)
ikan haring	[ikan hariŋ]	hareng (m)
ikan hiu	[ikan hiu]	requin (m)
ikan karper	[ikan karper]	carpe (f)
ikan kembung	[ikan kembuŋ]	maquereau (m)
ikan kod	[ikan kod]	morue (f)
ikan pike	[ikan paik]	brochet (m)
ikan salem	[ikan salem]	saumon (m) atlantique
ikan sebelah	[ikan sebelah]	flet (m)
ikan seligi tenggeran	[ikan seligi teŋgeran]	sandre (f)
ikan sturgeon	[ikan sturdʒˈen]	esturgeon (m)
ikan tilapia	[ikan tilapia]	perche (f)
ikan turbot	[ikan turbot]	flétan (m)
inti	[inti]	garniture (f)
irisan	[irisan]	tranche (f)
jagung	[dʒˈaguŋ]	maïs (m)
jagung	[dʒˈaguŋ]	maïs (m)
jahe	[dʒˈahe]	gingembre (m)
jamur	[dʒˈamur]	champignon (m)
jamur Amanita muscaria	[dʒˈamur amanita musˈtʃaria]	amanite (f) tue-mouches
jamur beracun	[dʒˈamur beratʃun]	champignon (m) vénéneux
jamur boletus	[dʒˈamur boletus]	cèpe (m)
jamur boletus berk	[dʒˈamur boletus berʔ]	bolet (m) bai
jamur chanterelle	[dʒˈamur tʃanterelle]	girolle (f)
jamur makanan	[dʒˈamur makanan]	champignon (m) comestible
jamur morel	[dʒˈamur morel]	morille (f)
jamur rusula	[dʒˈamur rusula]	russule (f)
jamur topi jingga	[dʒˈamur topi dʒiŋga]	bolet (m) orangé
jamur topi kematian	[dʒˈamur topi kematian]	oronge (f) verte
jawawut	[dʒˈawawut]	millet (m)
jelai	[dʒˈelaj]	orge (f)
jeruk Bali	[dʒˈeruʔ bali]	pamplemousse (m)
jeruk mandarin	[dʒˈeruʔ mandarin]	mandarine (f)
jeruk manis	[dʒˈeruʔ manis]	orange (f)
jeruk sitrun	[dʒˈeruʔ sitrun]	citron (m)
jin, jenewer	[dʒin], [dʒˈenewer]	gin (m)
jintan	[dʒintan]	cumin (m)
jus	[dʒˈus]	jus (m)
jus jeruk	[dʒˈus dʒˈeruʔ]	jus (m) d'orange

jus peras	[dʒ'us peras]	jus (m) pressé
jus tomat	[dʒ'us tomat]	jus (m) de tomate
kacang buncis	[katʃaŋ buntʃis]	haricot (m)
kacang hazel	[katʃaŋ hazel]	noisette (f)
kacang kedelai	[katʃaŋ kedelaj]	soja (m)
kacang lentil	[katʃaŋ lentil]	lentille (f)
kacang polong	[katʃaŋ poloŋ]	pois (m)
kacang tanah	[katʃaŋ tanah]	cacahuète (f)
kacang-kacangan	[katʃaŋ-katʃaŋan]	fèves (f pl)
kaldu	[kaldu]	bouillon (m)
kalkun	[kalkun]	dinde (f)
kalori	[kalori]	calorie (f)
karbohidrat	[karbohidrat]	glucides (m pl)
kayu manis	[kaju manis]	cannelle (f)
keju	[kedʒ'u]	fromage (m)
kelinci	[kelintʃi]	lapin (m)
kembang kol	[kembaŋ kol]	chou-fleur (m)
kentang	[kentaŋ]	pomme (f) de terre
kentang tumbuk	[kentaŋ tumbuʔ]	purée (f)
kepiting	[kepitiŋ]	crabe (m)
kering	[keriŋ]	sec (adj)
ketumbar	[ketumbar]	coriandre (m)
kismis	[kismis]	raisin (m) sec
kiwi	[kiwi]	kiwi (m)
koktail	[koktajl]	cocktail (m)
kol	[kol]	chou (m)
kol Brussels	[kol brusels]	chou (m) de Bruxelles
konyak	[konjaʔ]	cognac (m)
kopi	[kopi]	café (m)
kopi instan	[kopi instan]	café (m) soluble
kopi pahit	[kopi pahit]	café (m) noir
kopi susu	[kopi susu]	café (m) au lait
kotrek	[kotreʔ]	tire-bouchon (m)
krim	[krim]	crème (f) au beurre
krim asam	[krim asam]	crème (f) aigre
krim, kepala susu	[krim], [kepala susu]	crème (f)
krustasea	[krustasea]	crustacés (m pl)
kue	[kue]	gâteau (m)
kue tar	[kue tar]	tarte (f)
kue-mue	[kue-mue]	confiserie (f)
kulit	[kulit]	peau (f)
kuma-kuma	[kuma-kuma]	safran (m)
kuning telur	[kuniŋ telur]	jaune (m) d'œuf
labu	[labu]	potiron (m)
labu siam	[labu siam]	courgette (f)
lais junggang	[lajs dʒ'uŋgaŋ]	silure (m)
lauk	[lauʔ]	garniture (f)
lemak	[lemaʔ]	lipides (m pl)
lidah	[lidah]	langue (f)
likeur	[likeur]	liqueur (f)
limun	[limun]	limonade (f)
lobak pedas	[lobaʔ pedas]	raifort (m)

lobster berduri	[lobster berduri]	langoustine (f)
madu	[madu]	miel (m)
makan malam	[makan malam]	dîner (m)
makan pagi, sarapan	[makan pagi], [sarapan]	petit déjeuner (m)
makan siang	[makan siaŋ]	déjeuner (m)
makanan	[makanan]	nourriture (f)
makanan kalengan	[makanan kaleŋan]	conserves (f pl)
makanan laut	[makanan laut]	fruits (m pl) de mer
makanan ringan	[makanan riŋan]	hors-d'œuvre (m)
makaroni	[makaroni]	pâtes (m pl)
mangga	[maŋga]	mangue (f)
manis	[manis]	sucré (adj)
margarin	[margarin]	margarine (f)
marinade	[marinade]	mariné (adj)
marmelade	[marmelade]	marmelade (f)
masakan	[masakan]	cuisine (f)
masakan, hidangan	[masakan], [hidaŋan]	plat (m)
mayones	[majones]	sauce (f) mayonnaise
melon	[melon]	melon (m)
menir	[menir]	gruau (m)
mentega	[mɘntega]	beurre (m)
mentimun, ketimun	[mɘntimun], [ketimun]	concombre (m)
menu	[menu]	carte (f)
merica	[meritʃa]	poivre (m) noir
mi	[mi]	nouilles (f pl)
minoman beralkohol	[minoman beralkohol]	boissons (f pl) alcoolisées
minuman penygar	[minuman penigar]	rafraîchissement (m)
minuman ringan	[minuman riŋan]	boisson (f) non alcoolisée
minyak bunga matahari	[minja' buŋa matahari]	huile (f) de tournesol
minyak nabati	[minja' nabati]	huile (f) végétale
minyak zaitun	[minja' zajtun]	huile (f) d'olive
mustar	[mustar]	moutarde (f)
nafsu makan	[nafsu makan]	appétit (m)
nanas	[nanas]	ananas (m)
nuansa rasa	[nuansa rasa]	arrière-goût (m)
oat	[oat]	avoine (f)
padi-padian	[padi-padian]	céréales (f pl)
pahit	[pahit]	amer (adj)
pai	[pai]	gâteau (m)
panas	[panas]	chaud (adj)
pasta	[pasta]	pâté (m)
pelayan bar	[pelajan bar]	barman (m)
pelayan lelaki	[pelajan lelaki]	serveur (m)
pelayan perempuan	[pelajan perempuan]	serveuse (f)
pembuka botol	[pembuka botol]	ouvre-bouteille (m)
pembuka kaleng	[pembuka kaleŋ]	ouvre-boîte (m)
pepaya	[pepaja]	papaye (f)
permen	[pɘrmen]	bonbon (m)
permen karet	[pɘrmen karet]	gomme (f) à mâcher
persik	[persi']	pêche (f)

peterseli	[peterseli]	persil (m)
pir	[pir]	poire (f)
piring	[piriŋ]	assiette (f)
pisang	[pisaŋ]	banane (f)
pisau	[pisau]	couteau (m)
piza	[piza]	pizza (f)
plum	[plum]	prune (f)
porsi	[porsi]	portion (f)
potongan	[potoŋan]	morceau (m)
protein	[protein]	protéines (f pl)
puding	[pudiŋ]	pudding (m)
putih telur	[putih telur]	blanc (m) d'œuf
radis	[radis]	radis (m)
rasa	[rasa]	goût (m)
rebus	[rebus]	cuit à l'eau (adj)
redcurrant	[redkaren]	groseille (f) rouge
remah	[remah]	miette (f)
rempah-rempah	[rempah-rempah]	épice (f)
resep	[resep]	recette (f)
roti	[roti]	pain (m)
roti lapis	[roti lapis]	sandwich (m)
rum	[rum]	rhum (m)
salada	[salada]	salade (f)
salmon	[salmon]	saumon (m)
sampanye	[sampanje]	champagne (m)
sarden	[sarden]	sardine (f)
saus	[saus]	sauce (f)
sayuran	[sajuran]	légumes (m pl)
sayuran hijau	[sajuran hidʒiau]	verdure (f)
selada	[selada]	laitue (f), salade (f)
selai	[selaj]	confiture (f)
selai buah utuh	[selaj buah utuh]	confiture (f)
Selamat makan!	[selamat makan!]	Bon appétit!
selasih	[selasih]	basilic (m)
seledri	[seledri]	céleri (m)
semangka	[semaŋka]	pastèque (f)
sendok	[sendoˀ]	cuillère (f)
sendok makan	[sendoˀ makan]	cuillère (f) à soupe
sendok teh	[sendoˀ teh]	petite cuillère (f)
sosis	[sosis]	saucisson (m)
sosis	[sosis]	saucisse (f)
spageti	[spageti]	spaghettis (m pl)
stroberi	[stroberi]	fraise (f)
stroberi liar	[stroberi liar]	fraise (f) des bois
sup	[sup]	soupe (f)
susu	[susu]	lait (m)
susu kental	[susu kental]	lait (m) condensé
susu kocok	[susu kotʃoˀ]	cocktail (m) au lait
tanpa alkohol	[tanpa alkohol]	sans alcool
tanpa gas	[tanpa gas]	plate (adj)
teh	[teh]	thé (m)
teh hijau	[teh hidʒiau]	thé (m) vert

teh hitam	[teh hitam]	thé (m) noir
telur	[telur]	œuf (m)
telur	[telur]	les œufs
telur dadar	[telur dadar]	omelette (f)
telur mata sapi	[telur mata sapi]	les œufs brouillés
tepung	[tepuŋ]	farine (f)
terung, terong	[teruŋ], [təroŋ]	aubergine (f)
tip	[tip]	pourboire (m)
tiram	[tiram]	huître (f)
tomat	[tomat]	tomate (f)
tuna	[tuna]	thon (m)
turnip	[turnip]	navet (m)
tusuk gigi	[tusuʔ gigi]	cure-dent (m)
ubi bit merah	[ubi bit merah]	betterave (f)
udang	[udaŋ]	crevette (f)
vegetarian	[vegetarian]	végétarien (m)
vegetarian	[vegetarian]	végétarien (adj)
vermouth	[vermut]	vermouth (m)
vitamin	[vitamin]	vitamine (f)
vodka	[vodka]	vodka (f)
wafel	[wafel]	gaufre (f)
wijen	[widʒʲen]	sésame (m)
wiski	[wiski]	whisky (m)
wortel	[wortel]	carotte (f)
yogurt	[yogurt]	yogourt (m)